English / Czech Phrasebook

John C. Rigdon

English / Czech Phrasebook
English / Czech Phrasebook
Anglicko-český slovníček frází

1st Printing – SEP 2020 1/0/0/0/KN

Paperback **ISBN:** 9798688403053

Published by:
Eastern Digital Resources
31 Bramblewood Dr. SW
Cartersville, GA 30120 U. S. A
http://www.wordsrus.info
EMAIL: editor@wordsrus.us
Tel. (678) 739-9177

Contents

Introduction 6

Úvod...8

    English Vowels 13

    Vowel Sounds 13

    2- Vowel Combinations....................................14

A Guide to Czech Pronunciation 21

Greetings Phrases...26

Conversation Phrases 32

Transportation Vocabulary.................................35

Accommodation Phrases.....................................37

Accommodations Vocabulary 45

Kitchen Phrases 48

Kitchen Vocabulary..49

Dining Phrases..50

Beverage Phrases..55

Food Phrases 57

Food Vocabulary 59

Measurements 75

Measurement Phrases...84

Measurements Vocabulary 89

City Phrases 90

City Vocabulary...91

Animals Phrases..93

Animals Vocabulary 94

Numbers Phrases 98

Numbers Vocabulary...99

Colors Phrases 101

Colors Vocabulary..102

House Phrases 103

House Vocabulary...105

Nature Phrases 111

Nature Vocabulary..113

Directions Phrases..119

Directions Vocabulary 124

Bathroom Phrases 125

Bathroom Vocabulary...128

Time Phrases..131

Time Vocabulary 134

Family Phrases..136

Family Vocabulary..138

Emergency Phrases 139

Anatomy Phrases 147

Anatomy Vocabulary...150

Business Phrases..152

Business Vocabulary 159

Country Phrases 166

Country Vocabulary 167

Days Phrases..172

Days Vocabulary 175

Geometry Vocabulary..177

Medical Phrases 178

Health Phrases 207

Holiday Phrases 211

Recreation Phrases 216

Recreation Vocabulary 218

Science Vocabulary 219

Tools Phrases 222

Tools Vocabulary 226

Weather Phrases 227

Weather Vocabulary 228

Work Phrases 229

Introduction

This is not your typical tourist phrasebook. It contains over 75 categories of terms in Czech and English with over 4,000 terms, phrases and sample sentences. Also included is a guide to the English and Czech alphabet and pronunciation.

The English / Czech Phrasebook is designed to be used by the English speaker to learn the basics of the Czech language or for a Czech speaker to learn the basics of English.

If you are intending to learn any new language, you'll find a recommendation to get a phrasebook. The purpose of the phrasebook is to give you prior practice in real-life situations. Memorizing phrases ahead of time is the BEST way to use a phrasebook. Your grammar book, and sometimes even your course, does not give you the "Which room is mine?" kind of phrases. Yes, you will need to flip through the book to find responses or the next question on a different topic, but that is only if you do not practice a bit ahead of time. You can't beat this book - for the price and the small, yet concise and relevant content. Learn how to tell time, order food, go through customs, as well as greetings and social conversations.

The lexicon of Czech is closely related to Polish and Slovak and it also has many Russian loanwords. The written Czech language through the use of diacritics and other accent marks gives a very good understanding of how the words should be pronounced, so though you will often see the same word in Slovak and Polish, the latter languages are not written with the pronunciation marks.

For pronunciation and definitions of the words in this book, see our website at

www.wordsrus.info/ces

Proper names may or may not be translated between languages. Generally country names are translated, but personal names, place names, and trade names (products) are not. Some words may provide an alternate translation or transliteration, others may not.

This phrasebook is derived from our Words R Us system, a derivative of WordNet. English Wordnet, originally created by Princeton University is a lexical database for the English language. It groups words in English into sets of synonyms called synsets, provides brief definitions and usage examples, and records a series of relationships between these sets of synonyms. WordNet can be viewed as both a combination dictionary and thesaurus.

Úvod

Toto není váš typický turistický konverzační slovník. Obsahuje více než 75 kategorií výrazů v češtině a angličtině s více než 4 000 výrazů, frází a ukázkových vět. Součástí je také průvodce anglickou a českou abecedou a výslovností.

Anglicko-český slovníček frází je navržen tak, aby jej anglický mluvčí použil k osvojení základů českého jazyka, nebo aby se český mluvčí naučil základy angličtiny .

Pokud se chcete naučit jakýkoli nový jazyk, najdete doporučení, jak si pořídit slovníček frází. Účelem slovníčku frází je poskytnout vám předchozí praxi v reálných situacích. Předčasné zapamatování frází je NEJLEPŠÍ způsob použití slovníčku frází. Vaše kniha gramatiky a někdy ani váš kurz vám nedává „Který pokoj je můj?" druh frází. Ano, budete muset listovat v knize, abyste našli odpovědi nebo další otázku na jiné téma, ale to je pouze v případě, že nebudete cvičit trochu dopředu. Tuto knihu nemůžete porazit - za cenu a malý, přesto stručný a relevantní obsah. Naučte se, jak zjistit čas, objednat si jídlo, projít zvyky, pozdravy a sociální konverzace.

Slovník češtiny úzce souvisí s polštinou a slovenštinou a má také mnoho ruských výpůjček. Psaný český jazyk pomocí diakritiky a jiných znaků s diakritikou velmi dobře chápe, jak by se slova měla vyslovovat, takže i když často uvidíte stejné slovo ve slovenštině a polštině, tyto jazyky nejsou psány značkami výslovnosti .

Výslovnost a definice slov v této knize najdete na našem webu na adrese

www.wordsrus.info/ces

Vlastní jména mohou, ale nemusí být přeložena mezi jazyky. Obecně se překládají názvy zemí, ale osobní jména, místní jména a obchodní názvy (produkty) nikoli. Některá slova mohou poskytovat alternativní překlad nebo přepis, jiná možná ne.

Tento slovníček pojmů je odvozen z našeho systému Words R Us, derivátu WordNet. Angličtina Wordnet, původně vytvořená Princetonskou univerzitou, je lexikální databáze pro anglický jazyk. Seskupuje slova v angličtině do sad synonym označovaných jako synsety, poskytuje stručné definice a příklady použití a zaznamenává řadu vztahů mezi těmito sadami synonym. WordNet lze zobrazit jako kombinovaný slovník i tezaurus.

A Guide to English Pronunciation

For anyone who wants to understand the major rules and subtle guidelines of English grammar and usage A Guide to English Pronunciation offers comprehensive, straightforward instruction. This easy to use resource includes simple explanations of grammar, and usage and scores of helpful examples with audio to help you learn to use English effectively.

- Clear and concise, easy-to-follow, offering "just the facts"
- Fully updated to reflect the latest rules in grammar and usage along with new quizzes
- Ideal for students from seventh grade through adulthood.

English is not a phonetic language. It has borrowed many words from other languages and words are often not pronounced as they seem. This book gives you the rules of English usage and pronunciation, but you can benefit most by using the book in conjunction with the audio. Whenever you see the speaker ( ) symbol you can hear the word or phrase spoken using the audio on our website. You can also download the set of mp3 files at www.wordsrus.info/catalog/english_pronunciation.html.

This book is a part of our language learning site – Words R Us. (www.wordsrus.info) Dozens of languages are available with phrasebooks, dictionaries and language learning tools at

www.wordsrus.info

A Guide to English Pronunciation and Grammar will enable you to:

- Quickly master basic English grammar and tackle more advanced topics.
- Properly use nouns, pronouns, adjectives, determiners, verbs, adverbs, dates and numbers.
- Master verb tenses, including irregular verbs and exceptions.
- Avoid embarrassing grammar errors.
- Immediately put your skills into action!

Become a more effective writer and communicator with the spoken audio which accompanies this book.

The English Alphabet ▶

English Alphabet with Pronunciation

Aa	**B**b	**C**c	**D**d	**E**e
[eɪ]	[bi:]	[si:]	[di:]	[i:]
Ff	**G**g	**H**h	**I**i	**J**j
[ef]	[dʒi:]	[eɪtʃ]	[aɪ]	[dʒeɪ]
Kk	**L**l	**M**m	**N**n	**O**o
[keɪ]	[el]	[em]	[en]	[əʊ]
Pp	**Q**q	**R**r	**S**s	**T**t
[pi:]	[kju:]	[a:]	[es]	[ti:]
Uu	**V**v	**W**w		
[ju:]	[vi:]	['dʌbəlju:]		
Xx	**Y**y	**Z**z		
[eks]	[waɪ]	[zed/zi:]		

English Vowels

A
E
I
O
U
Y

Vowel Sounds [1]

A

The letter "A" has both a *short* sound (like in "*a*pple") and
a **long** sound (like in "**a**pe").
It can also sound like a short "o," usually when followed by "u." For
example, in the word "auto."

E

The letter "E" has both a *short* sound (like in "h*e*llo") and

a **long** sound (like in "**e**ar").
It can also sound like a short "o," like it does in the first letter of
"entree."

I

The letter "I" has both a *short* sound (like in "*i*n" and a **long** sound
(like in "**i**rate").

O

_____

[1] Adapted from https://www.englishclass101.com/english-pronunciation/

13

The letter "O" has both a *short* sound (like in octopus) and a **long** sound (like in orange).

U

The letter "U" has both a *short* sound (like in "under") and a **long** sound (like in ukelele).

2- Vowel Combinations

Some of these can have multiple pronunciations depending on which letters are around it.

1.) aa (b**aa**)

Pronunciation: Short "o" sound.

Example
Sheep say "b**aa**."

2.) ae (arch**ae**ologist or b**ae**)

Note the difference: In the first word, "ae" makes the long "e" sound. In the second word, it makes the long "a" sound.

Examples
Harold studied to become an arch**ae**ologist.
Anne called Thomas "b**ae**" the other day.

3.) ai (h**ai**r)

Pronunciation: Like the long "a" sound, but a little softer.

Example
Samuel's h**ai**r is a beautiful golden color.

4.) ao (ch**ao**s)

Pronunciation: In this case, you say the "a" part first with its long sound, immediately followed by the short "o" sound. This one can be tricky.

Example

 When the internet went down, the neighborhood found itself in ch**ao**s.

5.) au (**au**dio)
Pronunciation: Short "o"sound.

Example
She couldn't figure out how to fix the **au**dio on her computer.

6.) ea (**ea**t)
Pronunciation: Long "e" sound.

Example
What time do you want to **ea**t dinner?

7.) ee (f**ee**l)

This double vowel has two common pronunciations.

Pronunciation 1: Long "e" sound.

Example
Linda didn't know what to f**ee**l after failing the exam.

Pronunciation 2: Long "a" sound.

Example
Riley's mouth watered as the waiter brought out the entr**ee**.

8.) ei (w**ei**rd)

Pronunciation: Long "e" sound.

Example
Everyone thought it was really w**ei**rd when Ellen left the party early.

9.) eo (th**eo**logy)

Pronunciation: This is another tricky one like "ao." This one is pronounced by first saying the "e" with its long sound, immediately followed by the "o" with its short sound.

Example
Harold wasn't satisfied with his archaeology career, so he quit and studied th**eo**logy.
By the way, if you noticed the "aeo" in Harold's first career choice, worry not. We'll go over how to pronounce this, as well as a couple of other triple vowel combinations, in the next section.
10.) eu (**eu**ro)

Pronunciation: In the word above, this vowel combination is pronounced sort of like the "y" sound. (Imagine saying "**yu**ro.")

Example
Reynold only had **eu**ros on him, so he couldn't purchase the shirt he wanted on vacation.
11.) ia (Mar**ia** orMar**ia**h)

Note the difference: In the first word, the "i" in **ia** makes a long "e" sound, and the "a" makes a short "u" sound. In the second word, because the vowel combination is followed by an "h," the "i" makes a long "i" sound and the "a" maintains its short "u" sound.

Examples
Mar**ia** didn't feel well, so she left school early.

Mariah sat alone at lunch because her friend Maria was gone.
12.) ie (carr**ie**s)

Pronunciation: Long "e" sound.

Example

Elisa carr**ie**s a lot of responsibility, having three kids.
13.) io (Mar**io**)

Pronunciation**:** Another tricky one. First pronounce the "i" with a long "e" sound, and then the "o" with a long "o" sound.

Example
Mar**io** built a really cool airplane model yesterday.
14.) oa (b**oa**t)

Pronunciation: Long "o" sound.

Example
After building an airplane model, he wanted to make a b**oa**t next.

15.) oe (t**oe**)
Pronunciation: Long "o"sound.

Example
Carmen had to keep from shouting after stubbing her t**oe** on the table leg.
16.) oi (**oi**nk)

Pronunciation: This really is its own sound, and is most often used in onomatopoeia (such as "**oi**nk," the sound a pig makes). It's also used in the word "**p<u>oi</u>gnant**" with the same sound. It's pronounced a lot like "oy."

Example

Pigs say "**oi**nk."

17.) oo (b**oo** *or* b**oo**k)

Note the difference: In the first word, "oo" makes the traditional "oo" sound (like when something interesting happens, and you say "**oo**h that's c**oo**l."). In the second word, because it ends with a "k," the "oo" makes a softer sound that's *almost* like a short "u" sound.

Example

sentence 1: "B**oo**!" she shouted from behind the door as her brother walked in.

Cassidy's favorite b**oo**k went missing after the garage sale.

18.) ou (**ou**t or d**ou**gh)

Note the difference: In the first word, "ou" makes the sound that sounds like "ow." In the second word, it makes the long "o" sound (keep in mind that this is true in most cases where the "ou" is followed by the letters "gh").

Example

Susan ran **ou**t of milk, so she had to buy some more.
She came back home, only to realize she needed ingredients to make d**ou**gh too!

19.) ua (n**ua**nce)

Pronunciation: This one can be tricky. The "u" makes the "oo" sound, while the "a" makes the short "o" sound.

Example

There are lots of n**ua**nces when it comes to the English language;.

20.) ue (d**ue** or d**ue**t)

Note the difference: In the first word, the "ue" simply makes the "oo" sound (as in "boo"). In the second word, you start by pronouncing the "u" with the same "oo" sound, then pronounce the "e" part with its short "e" sound.

Examples
Cassidy borrowed her favorite book from the library, but forgot when it was d**ue**!
Stan thought the d**ue**t on stage was lovely.

21.) ui (s**ui**te **or** b**ui**lt **or** q**ui**lt)

Note the difference: In the first word, "ui" sounds exactly like the word "we." In the second word, it makes a short "i" sound (imagine replacing the "ui" with just an "i" in the word when pronouncing it). In the third word, it sounds more like the beginning of the word "win." Note that it's only after the letter "q" that "ui" makes this "wi-" sound.
This vowel combination can be difficult to master, considering its multiple possible sounds in a word. This makes practice essential.

Example sentence 1: Mark told me you were having a hard time getting into your s**ui**te at the hotel!

Example sentence 2: Jan couldn't believe that John b**ui**lt the house himself.
Anne Marie really loves the q**ui**lt her grandmother made for her.

22.) uo (d**uo**)

Pronunciation: Here, you pronounce the "u" with the "oo" sound (as in "boo"), and then pronounce the "o" with its long "o" sound.

Example
Don't you think Natalie and Chad make a great d**uo**?

3- Note on Triple Vowel Combinations

There are also many instances when you'll find three vowels all put together in a word, but we won't go too much into that in this book. Here are a few which are particularly worth mentioning:

aeo (as in "arch**aeo**logy" or "**caeo**ma")

Triple vowel sequences are rarely pretty or simple, and this is no exception. In the first word, "aeo" is pronounced as though the "a" wasn't there; it simply makes the "eo" sound, with a **short** "o." In the second word (which is a kind of fungus that you **won't** be hearing in your everyday conversations!), "aeo" is pronounced again like the "a" is missing. But here, the "o" in the "eo" sound is **long**.

• -**ious** (as in "p**iou**s" or "dub**ious**")

This is one you'll find often in the English language as a suffix. In the first word, the "i" is pronounced with its long "i" sound, followed by the "ou" which sounds like a short "u" sound (as in "us"). In the second word, the "i" is pronounced with a long "e" sound, followed by the "ou" which again sounds like a short "u" sound.

• **eau** (as in "b**eau**tiful" or "bur**eau**")

This one trips up even native English speakers sometimes, especially when it comes to spelling. In the first word, the "e" is pronounced with its long "e" sound, followed by the "au" which is simply pronounced as a long "u." In the second word, the entire "eau" is pronounced as a long "o." (I know, it's terrible!)

You'll come across many triple-vowel words as you encounter more and more English in daily life. If you have difficulty with these, really, there's no reason to worry. Just about everyone does. Keep up the practice, though, and you can conquer!

A Guide to Czech Pronunciation

Czech is spoken by over 10 million people. It serves as the official language of the Czech Republic and is closely related to Slovak, to the point of mutual intelligibility to a very high degree, as well as Polish.

Large communities of Czech Americans live in the states of Texas, Nebraska and Wisconsin. As of 2009, 70,500 Americans spoke Czech as their first language (49th place nationwide, behind Turkish and ahead of Swedish).

Czech uses a simple orthography which phonologists have used as a model. Czech has a moderately-sized phoneme inventory, comprising ten monophthongs, three diphthongs and 25 consonants (divided into "hard", "neutral" and "soft" categories). Words may contain complicated consonant clusters or lack vowels altogether. Czech has a raised alveolar trill, which is known to occur as a phoneme in only a few other languages, represented by the grapheme ř.

The Czech alphabet has 26 basic letters and 42 in total including diacritics (˘, ´, °).

The basic letters in the Czech alphabet are:

Lowercase – a, b, c, d, e, f, g, h, i, j, k, l, m, n, o, p, q, r, s, t, u, v, w, x, y, z
Uppercase – A, B, C, D, E, F, G, H, I, J, K, L, M, N, O, P, Q, R, S, T, U, V, W, X, Y, Z

The use of diacritics is characteristic of the Czech contemporary spelling system, i.e. the carka or acute accent for indicating the length of vowels (thus Czechs are able to distinguish between the meanings of words such as pravá (right/right-hand) and práva (rights/law)), and the hacek, which looks like a breve mark and is primarily found above the letters š, ž, č, ř, ň, as well as ť, ď and ě. It is used to indicate those sounds for which the required letter cannot be found in the original Latin alphabet. This rule very cleverly respects the phonetic affinity of consonants. Its principles were formulated as far back as the 15th century by Jan Hus in his work De ortographia Bohemica.

The Czechs also have one other diacritical mark: the kroužek, or little circle above the long ů. This is a peculiarity motivated by purely historical reasons, and from today's perspective the pronunciation of the letters ů and ú are not differentiated – both marks cause the same lengthening of the vowel.

The Czech language, therefore, uses a considerable number of graphic symbols

a - á - b - c - č - d - ď - e - é - ě - f - g - h - i - í - j - k - l - m - n - ň - o - p - q - r - ř - s - š - t - ť - u - ú - ů - v - w - x - y - ý - z - ž

In Czech orthography, the vowels are spelled as follows:

Short: a, e/ě, i/y, o, u
Long: á, é, í/ý, ó, ú/ů
Diphthongs: ou, au, eu
The letter ⟨ě⟩ indicates that the previous consonant is palatalised (e.g. něco /ɲɛtʃo/). After a labial it represents /jɛ/ (e.g. běs /bjɛs/); but ⟨mě⟩ is pronounced /mɲɛ/, cf. měkký (/mɲɛkiː/).

A a	Á á	B b	C c	Č č	D d	Ď ď
á	dlouhé á	bé	cé	čé	dé	ďé
[a]	[aː]	[b]	[ts]	[tʃ]	[d]	[ɟ]

E e	É é	Ě ě	F f	G g	H h	Ch ch
é	dlouhé é	e s háčkem	ef	gé	há	chá
[ɛ]	[ɛː]	[e/je]	[f]	[ɡ]	[ɦ]	[x]

I i	Í í	J j	K k	L l	M m	N n
í	dlouhé í	jé	ká	el	em	en
[ɪ]	[iː]	[j]	[k]	[l]	[m]	[n]

Ň ň	O o	Ó ó	P p	Q q	R r	Ř ř
eň	ó	dlouhé ó	pé	kvé	er	eř
[ɲ]	[ɔ]	[oː]	[p]	[kv]	[r]	[r̝]

S s	Š š	T t	Ť ť	U u	Ú ú	Ů ů
es	eš	té	ťé	ú	dlouhéú	u s kroužkem
[s]	[ʃ]	[t]	[c]	[ʊ]	[uː]	[uː]

V v	W w	X x	Y y	Ý ý	Z z	Ž ž
vé	dvojité vé	iks	ypsilon	dlouhé ypsilon	zet	žet
[v]	[v]	[ks]	[i]	[iː]	[z]	[ʒ]

Understanding the nuances of the sounds of Czech requires listening to native speakers. See our website for pronunciation.

www.wordsrus.info/ces

Standard Czech contains ten basic vowel phonemes, and three diphthongs. The vowels are /a/, /ɛ/, /ɪ/, /o/, and /u/, and their long counterparts /aː/, /ɛː/, /iː/, /oː/ and /uː/. The diphthongs are /ou/, /au/ and /ɛu/; the last two are found only in loanwords such

23

as auto "car" and euro "euro".

Each word usually has primary stress on its first syllable, except for enclitics (minor, monosyllabic, unstressed syllables). In all words of more than two syllables, every odd-numbered syllable receives secondary stress. Stress is unrelated to vowel length; both long and short vowels can be stressed or unstressed. Vowels are never reduced in tone (e.g. to schwa sounds) when unstressed. When a noun is preceded by a monosyllabic preposition, the stress moves to the preposition, e.g. do Prahy "to Prague".

Voiced consonants with unvoiced counterparts are unvoiced at the end of a word before a pause, and in consonant clusters voicing assimilation occurs, which matches voicing to the following consonant. The unvoiced counterpart of /ɦ/ is /x/.

Czech consonants are categorized as "hard", "neutral", or "soft":

Hard: /d/, /g/, /ɦ/, /k/, /n/, /r/, /t/, /x/
Neutral: /b/, /f/, /l/, /m/, /p/, /s/, /v/, /z/
Soft: /c/, /ɟ/, /j/, /ɲ/, /r̝/, /ʃ/, /t͡s/, /t͡ʃ/, /ʒ/
In Czech orthography, the consonants are spelled as follows:

Hard: d, g, h, k, n, r, t, ch
Neutral: b, f, l, m, p, s, v, z
Soft: ť/Ť, ď/Ď, j, ň, ř, š, c, č, ž

Hard consonants may not be followed by i or í in writing, or soft ones by y or ý (except in loanwords such as kilogram). Neutral consonants may take either character. Hard consonants are sometimes known as "strong", and soft ones as "weak". This distinction is also found the declension patterns of nouns, which vary according to whether the final consonant of the noun is hard or soft.

The phoneme represented by the letter ř (capital Ř) is often considered unique to Czech. It represents the raised alveolar non-sonorant trill (IPA: [r̝]), a sound somewhere between Czech's r and ž (example: About this sound "řeka" (river) (help ·info)), and is present in Dvořák. In unvoiced environments, /r̝/ is realized as its voiceless allophone [r̝̊].

The consonants /r/, /l/, and /m/ can be syllabic, acting as syllable nuclei in place of a vowel. Strč prst skrz krk ("Stick [your] finger through [your] throat") is a well-known Czech tongue twister using only syllabic consonants.

Consonants

		Labial	Alveolar	Post-alveolar	Palatal	Velar	Glottal
Nasal		m	n		ɲ		
Plosive	voiceless	p	t		c	k	
Plosive	voiced	b	d		ɟ	(g)	
Affricate	voiceless		t͡s	t͡ʃ			
Affricate	voiced		(d͡z)	(d͡ʒ)			
Fricative	voiceless	(f)	s	ʃ		x	
Fricative	voiced	v	z	ʒ			ɦ
Trill	plain		r				
Trill	fricative		r̝				
Approximant			l		j		

Sources:
Wikipedia
https://afocr.org/czech-language

Greetings Phrases

Good morning.
Dobré ráno

Good afternoon.
Dobré odpoledne.

Good night.
Dobrou noc

Good evening.
Dobrý večer.

Good day
Dobrý den

How are you?
Jak se máte?

Hi
Ahoj

How is it going?
Jak to jde?

Nice to meet you.
Rád vás poznávám.

I am fine.
jsem v pohodě

Hello
Ahoj

With pleasure.

S radostí.

good luck
Hodně štestí

never-mind
Nevadí

sorry
Promiňte

sleep well.
dobře se vyspi

Excuse me.
Promiňte

I don't understand.
Nerozumím

I don't speak Spanish.
Nemluvím španelsky

I love you.
Miluji tě

We are fine.
Jsme v pořádku.

madam
paní

miss
slečna, minout

As usual.
Jako obvykle.

mister
pane

Not so bad.
Není tak špatné.

thanks (very much)
díky moc)

Bad.
Špatný.

no
Ne

Fine. And you?
Pokuta. A ty?

yes
Ano

Nice to see you.
Rád tě vidím.

peace
mír

Nice to see you too.
Taky tě rád vidím.

pardon
Pardon

Fine, thank you.
Dobře, děkuji.

What's new?
Co je nového?

So-so.
Tak ano.

What's up?
Co se děje?

How have you been?
Jak ses měl?

please
prosím

How is your family?
Jak se má tvá rodina?

Very well.
Velmi dobře

It has been a pleasure.
Bylo mi potěšením.

And you?
A ty?

Likewise
Rovněž

How are you doing?
Jak se máš?

See you tomorrow.

Uvidíme se zítra.

Brzy se uvidíme

See you.
Uvidíme se.

See you next time.
Uvidíme se příště

The pleasure is mine,
Potěšení je na mé straně,

See you later.
Uvidíme se později

Very well, thank you.
Velmi dobře, děkuji.

goodbye.
Ahoj

We'll see you.
Uvidíme se.

My condolences. [on the death of
a person]
Upřímnou soustrast. [o smrti
člověka]

You're welcome.
Nemáš zač.

I'm so sorry. [response to sad
news]

I'm pleased to know you.
Jsem rád, že vás znám.

Je mi to moc líto. [odpověď na
smutné zprávy]

See you soon.

Introductions Phrases

Are you here on vacation?
Jsi zde na dovolené?

How long have you been here?
Jak dlouho tu jsi?

In which hotel are you staying?
Ve kterém hotelu pobýváte?

Please do visit me sometime!
Prosím, někdy mě navštivte!

Do you come from Europe?
Pocházíte z Evropy?

Do you come from Asia?
Pocházíš z Asie?

Just a little bit!
Jenom trochu!

Do you like it here?
Líbí se vám tu?

What's your name?
Jak se jmenuješ?

My name is ...
Jmenuji se ...

Here is my address.
Tady je moje adresa.

Is there someone here who
speaks English?

Je tu někdo, kdo mluví anglicky?

How long will you be staying?
Jak dlouho zůstaneš?

You are welcome.
Nemáš zač.

Pleased to meet you.
Rád vás poznávám.

What do you do for a living?
Čím se živíte?

Do you come from America?
Pocházíš z Ameriky?

Where are you from?
Odkud jsi?

Do you speak Persian?
Mluvíš persky?

Shall we see each other
tomorrow?
Uvidíme se zítra?

Please write it down.
Napište to.

I am sorry, but I already have
plans.
Je mi líto, ale už mám plány.

Thank you.

Děkuju.

I am from the United States of America
Jsem ze Spojených států amerických

I'm from ...
Jsem z ...

I work as a translator / businessman.
Pracuji jako překladatel / obchodník.

Please say that again.
Prosím, řekněte to znovu.

Please speak more slowly.
Prosím mluvte pomaleji.

Are you here on business or leisure?
Jste tady v práci nebo ve volném čase?

first name(s)
Křestní jména)

How do you say ... in English / Spanish / French / Creole / Patois?
How do you say in English / Spanish / French / Creole / Patois?

How long have you lived here?

Jak dlouho tady žiješ?

How many children do you have?
Kolik dětí máte?

How many years have you lived here?
Kolik let jste zde žili?

How old are your children?
Jak staré jsou tvé děti?

I am an accountant.
Jsem úcetní.

I am just visiting.
Jen navštěvuji.

I arrived here about two weeks ago.
Přijel jsem sem asi před dvěma týdny.

I do not have children.
Nemám děti.

I have lived here for a long time.
Bydlel jsem tu dlouho.

I have lived here for six years.
Bydlím zde šest let.

I have two children.
Mám dvě děti.

I live here.

Žiji zde.

Is your family here?
Je tady tvoje rodina?

last name, family name
příjmení, příjmení

Leave me alone!
Nech mě na pokoji!

My name is Adam
Jmenuji se Adam

No! I don't speak Indonesian. I speak English.
Ne! Nemluvím indonésky.
Mluvím anglicky.

No, my family is at home.

Ne, moje rodina je doma.

We will meet later.
Setkáme se později.

When did you arrive here?
Kdy jsi sem přišel?

Where is your family?
Kde je tvá rodina?

Yes, my family is here.
Ano, moje rodina je tady.

Do you speak English ?
Mluvíš anglicky ?

What's your name? (formal)
Jak se jmenuješ? (formální)

Conversation Phrases

Do you speak English / Spanish / French / Creole / Patois?
Mluvíte anglicky / španelsky / francouzsky / kreolsky / Patois?

I don't know
Nevím

I don't speak ...
Nemluvím ...

I don't understand
Nerozumím

I love you
Miluji tě

with pleasure
s radostí

Cheers! Good Health! (Toasts used when drinking)
Na zdraví! Dobré zdraví! (Toasty používané při pití)

What are you doing?
Co děláš?

What is that?
Co je to?

Don't worry.
Nebojte se.

I want to go to the beach
chci jít na pláž

Do you have a boyfriend?
Máš přítele?

Do you have a girlfriend?
Máš přítelkyni?

What is your phone number?
Jaké máte telefonní číslo?

Can I use your phone?
Můžu použít tvůj telefon?

Do you like to dance?
Tančíš rád?

I'm joking with you
Dělám si z tebe srandu

I cannot understand you
Nerozumím ti

What did you say?
Co jsi říkal?

When are you going?
Když jdeš?

Everything is all right.
Všechno je v pořádku.

Please speak more slowly

Prosím mluvte pomaleji

Please say that again
Prosím, řekněte to znovu

Please write it down
Napište to

How do you say ... in Spanish?
How do you say in Spanish?

I would love to!
Rád bych!

I'm sure!
Jsem si jistý!

Of course!
Samozřejmě!

Please leave me alone!
Prosím, nech mě být!

What a shame!
Jaká škoda!

You don't say!
Neříkej!

Can you help me?
Můžeš mi pomoci?

Do you need help?
Potřebuješ pomoc?

Do you think so?
Myslíš?

Really?
Opravdu?

Where is the bathroom?
Kde je koupelna?

Where is?
Kde je?

I already know.
Já už vím.

I don't speak Spanish.
Nemluvím španelsky.

I like it.
Líbí se mi to.

I'm sorry.
Omlouvám se.

Not at all.
Vůbec ne.

Please speak slowly.
Prosím, mluvte pomalu.

Same here.
Totéž zde.

Thank you for your help.
Děkuji za vaší pomoc.

The bill, please.
Účet, prosím.

Very well, thank you.
Velmi dobře, děkuji.

However ...
Nicméně ...

In my opinion ...
Dle mého názoru ...

In relation to ...
Ve vztahu k ...

In spite of ...
I přes ...

Maybe ...
Možná ...

Once in a while ...
Jednou za čas ...

Please ...
Prosím ...

So ...
Tak ...

That's why ...
Proto ...

Please speak slower.

Prosím, mluvte pomaleji.

Would you write that down
please.
Zapisoval bys to prosím?

Could you explain that please.
Mohl byste to prosím vysvětlit.

How is that pronounced?
Jak je to vysloveno?

I have forgotten the word for...
Zapomněl jsem slovo pro ...

How do you say that in
French/English?
Jak to říkáš ve francouzštině /
angličtině?

What does that mean?
Co to znamená?

Can you repeat that please.
Můžeš to prosím zopakovat.

I'm from ...
Jsem z ...

Where are you from?
Odkud jsi?

Transportation Vocabulary

arrival	bus stop	Francouzské	suitcase
příjezd	autobusová	železnice	kufr
	zastávka		
trip		pedestrian	slow
výlet	traffic	pěší	zpomalit
	provoz		
Exit		garage	steering wheel
Výstup	Entrance	garáž	volant
	Vchod		
car		go	truck
auto	speed limit	jít	náklaďák
	rychlostní		
highway	omezení	luggage	motor
Dálnice		zavazadlo	motor
	first class		
battery	první třída	port	motorcycle
baterie		přístav	motocykl
	bicycle		
gasoline	jízdní kolo	stop	oil level
benzín		stop	hladina oleje
	drive		
bulb	řídit	helicopter	path
žárovka		helikoptéra	cesta
	airport		
boat	letiště	Information	pavement
loď		Informace	chodník
	Flight number		
bus	Číslo letu	fan belt	wheel
autobus		řemen	kolo
	airplane	ventilátoru	
bus station	letoun		tire
autobusová		No entry	pneumatika
zastávka	French	Zákaz vjezdu	
	Railways		tire pressure

English	Czech
tlak v pneumatice	
travel	
cestovat	
passport	
cestovní pas	
return	
vrátit se	
ship	
loď	
sign	
podepsat	
single	
singl	
road	
silnice	
gas station	
čerpací stanice	
cab	
kabina	

transportation	přeprava
subway	metro
customs	celní
train	vlak
spark plugs	zapalovací svíčky
second class	druhá třída
baggage	zavazadla
car park	parkoviště
crossroads	rozcestí

Customs officer	Celník
driver	Řidič
mechanic	mechanik
motorcycle	motocykl
pilot	pilot
railroad	železnice
sidewalk	chodník
stewardess	letuška
submarine	ponorka
ticket	

lístek	
tourist	turista
traffic light	Semafor
train station	vlakové nádraží
travel agency	cestovní kancelář
travel trailer, caravan	cestovní přívěs, karavan
traveler	cestovatel
van	dodávka
visa	vízum

Accommodation Phrases

That's too expensive.
To je moc drahé.

I don't like that.
To se mi nelíbí.

What time does the hotel close in the evenings?
Kdy je večer zavřený?

What time do you serve lunch?
Kolik času servírujete oběd?

What time do you serve breakfast?
Kdy podáváte snídani?

What time do you serve dinner?
Kdy podáváte večeři?

Can somebody please bring my suitcases up.
Může mi někdo prosím přinést kufry.

What is the price?
Jaká je cena?

When is dinner served?
Kdy se podává večeře?

How much is a room for one person/two people?
Kolik je prostor pro jednu osobu / dvě osoby?

What does the room cost per night?
Co stojí pokoj za noc?

Where's the toilet?
Kde je toaleta?

Where's the shower?
Kde je sprcha?

Where is the reception, please?
Kde je recepce, prosím?

Where is the games room?
Kde je herna?

Where is the television room?
Kde je televizní místnost?

Where are the dustbins?
Kde jsou popelnice?

Where can I get bottles of Camping Gas?
Kde mohu získat lahve Camping Gas?

Is breakfast / supper included?
Je zahrnuta snídaně / večeře?

Is there a youth hostel nearby?
Je v blízkosti ubytovna pro

mládež?

Dokážete to opravit?

Is there a restaurant nearby?
Je v blízkosti restaurace?

Can I see the room?
Mohu vidět místnost?

Is there a boarding house / a bed
and breakfast nearby?
Je v blízkosti penzion / postel a
snídaně?

Do you have anything cheaper?
Máte něco levnějšího?

Do you have a vacant room?
Máte volnou místnost?

Is there a shop on the camp site?
Je v kempu obchod?

Do you have any rooms available
for tonight?
Máte dnes večer nějaké pokoje?

Is there a safe here?
Je tady trezor?

Is there a fax machine here?
Je tady fax?

Do you have room for a caravan?
Máte prostor pro karavan?

Is there a garage here?
Je tady garáž?

Do you have room for a tent?
Máte prostor pro stan?

Is there another hotel near here?
Je tady nějaký další hotel?

Here is the key for room number
five.
Zde je klíč pro místnost číslo pět.

Is there an elevator?
Je tam výtah?

Here are the keys.
Zde jsou klíče.

Is there a car park?
Je zde parkoviště?

Fine, I'll take the room.
Dobře, vezmu pokoj.

Is there an electric connection for
our caravan?
Existuje elektrické připojení pro
náš karavan?

The air-conditioning isn't
working.
Klimatizace nefunguje.

Can you get it repaired?

The TV isn't working.
Televize nefunguje.

Here is my luggage.
Tady je moje zavazadlo.

Is there a restaurant in the hotel?
Je v hotelu restaurace?

I have booked a room.
Zarezervoval jsem si pokoj.

The heater isn't working.
Ohřívač nefunguje.

The shower isn't working.
Sprcha nefunguje.

The room is too dark.
Místnost je příliš tmavá.

The room is too small.
Místnost je příliš malá.

The room is too noisy.
Místnost je příliš hlučná.

The room has no balcony.
Pokoj nemá balkon.

I'm sorry, we are full.
Je mi líto, jsme plné.

I would like two single rooms
and a double room as well.
Chtěl bych také dva
jednolůžkové pokoje a
dvoulůžkový pokoj.

My name is Miller.
Jmenuji se Miller.

I need a double room.
Potřebuji dvoulůžkový pokoj.

I need a single room.
Potřebuji jednolůžkový pokoj.

There is no warm water.
Není tam žádná teplá voda.

There is no telephone in the
room.
V místnosti není telefon.

There is no TV in the room.
V místnosti není televize.

We would like to stay until next
Sunday.
Chtěli bychom zůstat do příští
neděle.

We would like to stay three
nights.
Chtěli bychom zůstat tři noci.

We will be staying for seven
nights.
Zůstaneme na sedm nocí.

May I have towels for room five
please.
Mohu mít ručníky na pokoj pět,
prosím.

I would like a room with a
bathroom.
Chtěl bych pokoj s koupelnou.

I would like a room with a
shower.
Chtěl bych pokoj se sprchou.

I would like a room with a
shower.
Chtěl bych pokoj se sprchou.

A room with a king size
bed costs an extra ten dollars a
night.
Pokoj s postelí velikosti King stojí
dalších deset dolarů za noc.

All of our rooms
have complimentary soap,
shampoo, and coffee.
Všechny naše pokoje mají mýdlo,
šampon a kávu zdarma.

Can you help me?
Můžeš mi pomoci?

Can you pick me up?
Můžeš mě vyzvednout?

Can you take me to...?
Můžeš mě vzít na ...?

Display this parking pass in your
window to show that you are a
hotel guest.
Zobrazte tento parkovací průkaz

v okně a ukažte, že jste hostem
hotelu.

Do you have a vacant room?
Máte volnou místnost?

Does that include tax?
Zahrnuje to daň?

Feel free to take
some brochures to your room to
look at.
Neváhejte a vezměte si do svého
pokoje brožury, které si můžete
prohlédnout.

How many days / nights?
Kolik dní / nocí?

How many days do want to stay?
Kolik dní chcete zůstat?

How much per night?
Kolik za noc?

I can book you into a
beautiful Bed and Breakfast on
the lake.
Můžu vás zarezervovat do
krásné Bed and Breakfast u
jezera.

I can book your family in for the
weekend of the seventh.
Mohu si objednat vaši rodinu na
víkend sedmý.

I have booked a room.
Zarezervoval jsem si pokoj.

I need a single room.
Potřebuji jednolůžkový pokoj.

I want to reserve a room
Chci si rezervovat pokoj

If you leave your car keys with
us, the valet will park your car
underground.
Pokud s námi necháte klíče od
auta, komorník zaparkuje vaše
auto pod zemí.

If you need an extra bed, we
have cots available.
Pokud potřebujete přistýlku,
máme k dispozici dětské
postýlky.

If you need help with
your baggage we have a cart you
can use.
Pokud potřebujete pomoc se
zavazadly, máme k dispozici
vozík, který můžete použít.

If you order a pay-per-view
movie, the charge will appear on
your bill.
Pokud si objednáte film s
placením za zhlédnutí, poplatek
se objeví na vašem účtu.

If you want we can book your

parents in an adjoining room.
Pokud chcete, můžeme
zarezervovat vaše rodiče v
sousední místnosti.

If you would like a bottle of
wine, just call room service.
Pokud chcete láhev vína,
zavolejte na pokojovou službu.

I'll let you make your complaint
to the hotel manager.
Nechám vás podat stížnost
manažerovi hotelu.

I'm afraid the hotel
is booked tonight.
Obávám se, že hotel je dnes
rezervován.

In the hostel you probably won't
get your own room.
V hostelu pravděpodobně
nebudete mít svůj vlastní pokoj.

Is there a restaurant nearby?
Je v blízkosti restaurace?

Is there a swimming pool?
Je tam bazén?

Our honeymoon room has a
personal hot tub.
Naše líbánky mají osobní
vířivku.

Our washrooms are

for guests only.
Naše umývárny jsou pouze pro hosty.

Our motel is very clean and is close to the beach.
Náš motel je velmi čistý a je blízko pláže.

Our rates change depending on the season.
Naše ceny se mění v závislosti na ročním období.

Our weight room has a stair climber and a stationary bicycle.
Naše posilovna má schodové horolezce a stacionární kolo.

Please return the luggage cart to the lobby when you are finshed with it.
Až budete hotoví, vraťte zavazadlový vozík do vstupní haly.

Please return your parking pass when you check-out.
Při odjezdu prosím vraťte parkovací průkaz.

Put a sign on the door if you want housekeeping to come in and change the sheets on the bed.
Pokud chcete, aby do domu vstoupil úklid a vyměňte prostěradla na posteli, dejte

znamení na dveře.

Room 201 doesn't need their sheets changed, but they requested one new pillow case.
Místnost 201 nepotřebuje měnit jejich prostěradla, ale požádali o jeden nový polštář.

The economy priced room includes one single bed.
V cenově dostupném pokoji je jedno samostatné lůžko.

The guests next to you have complained that you are being too noisy.
Hosté vedle vás si stěžovali, že jste příliš hluční.

The heated indoor pool is open until 10 pm.
Vyhřívaný krytý bazén je otevřený do 22:00.

The room contains a sofa bed so the room actually sleeps five.
V místnosti je rozkládací pohovka, takže ve skutečnosti spí pět.

The room is more expensive because it has a spectacular viewof the beach.
Místnost je dražší, protože má nádherný výhled na pláž.

The swimming pool is on the
main floor.
Bazén je v hlavním patře.

The zoo is our city's most
popular attraction for kids.
Zoo je pro naše město
nejoblíbenější atrakcí pro děti.

The bellboy will take your bags
to your room for you.
Bellboy vezme vaše tašky do
vašeho pokoje pro vás.

The maximum capacity in the hot
tub is ten people.
Maximální kapacita ve vířivce je
deset osob.

The vending machine on the fifth
floor has chocolate bars and
chips.
Prodejní automat v pátém patře
obsahuje čokoládové tyčinky a
hranolky.

There's an inn on the other side
of town that has a vacancy.
Na druhé straně města je
hostinec, který má volné místo.

They are a family of four, so give
them a room with two double
beds.
Jsou to čtyřčlenná rodina, takže
jim dejte pokoj se dvěma
manželskými postelemi.

They have a queen size bed so
the small child can eaily fit in the
middle.
Mají postel velikosti queen, takže
malé dítě se skvěle vejde do
středu.

They say they made
a reservationbut it doesn't show
on the computer.
Říkají, že udělali rezervaci, ale to
se nezobrazí na počítači.

Towels are available at the front
desk.
Ručníky jsou k dispozici na
recepci.

We are located downtown, so we
are close to all of the amenities.
Nacházíme se v centru města,
takže jsme blízko veškeré
občanské vybavenosti.

We don't recommend bringing
young children into the sauna.
Nedoporučujeme vnášet malé
děti do sauny.

We only have one vacancy left,
and it is for a single room.
Zbývá nám jen jedno volné
místo, a to pro jeden pokoj.

We will come in and change
the linens while you are out of

your room.
Přijdeme dovnitř a vyměníme
prádlo, když jste mimo svůj
pokoj.

We will have to add a damage
charge for the hole you put in the
wall.
Budeme muset přidat poplatek
za poškození díry, kterou vložíte
do zdi.

What does the room cost per
night?
Co stojí pokoj za noc?

What time is breakfast?
Kdy je snídaně?

What time would you like
your wake up call?
Kolik času byste chtěli, aby se
vaše buzení probudilo?

Where is the room?
Kde je místnost?

You can get your swimming
pool towels at the front desk.
Ručníky k bazénu můžete získat

na recepci.

You can stand in the lobby and
wait for your bus.
Můžete stát v hale a čekat na váš
autobus.

You can check-in anytime after
four o'clock.
Můžete se přihlásit kdykoli po
čtvrté hodině.

You will be charged a ten
dollar late charge for checking
out after 11 am.
Za odhlášení po 11:00 vám bude
úctován poplatek za pozdní
deset dolarů.

You will not receive
your deposit back if you cancel.
Pokud zrušíte, neobdržíte svůj
vklad zpět.

Your room has a kitchenette so
you can prepare your own
breakfasts and lunches.
Váš pokoj má kuchyňský kout,
takže si můžete připravit vlastní
snídani a obědy.

Accommodations Vocabulary

apartment
byt

hotel
hotel

room
pokoj, místnost

toilet
toaleta

bathroom
koupelna

mosquito net
Moskytiéra

fan
fanoušek

swimming pool
plavecký bazén

boarding house
penzion

cheap hotel
levný hotel

mosquito
komár

en-suite

bathroom
vlastní
koupelna

house
Dům

tent
stan

adjoining
rooms
přilehlé
místnosti

air
conditioning
klimatizace

amenities
občanská
vybavenost

attractions
atrakce

baggage
zavazadla

bar
bar

bath
koupel

Bed and
Breakfast
Postel a
snídaně

bellboy
Bellboy

book
rezervovat

booked
rezervováno

brochures
brožury

campsite
kemp

car park
parkoviště

chambermaid
pokojská

check in
check in

check out
Překontrolovat

check-in

check-in

check-out
Překontrolovat

complimentary
breakfast
snídaně zdarma

corridor
koridor

cot
dětská postýlka

damage charge
poplatek za
poškození

deposit
vklad

doorman
vrátný

double bed
manželská
postel

double room
Dvoulůžkový
pokoj

fire alarm

požární hlásič	hospodyně	prádelna	
			parking pass
fire escape	housekeeping	lift	parkování
požární únik	úklid	výtah	
			pay the bill
floor	ice machine	linen	zaplatit úcet
podlaha	zmrzlinovač	prádlo	
			pay-per-view movie
front desk	indoor pool	lobby	pay-per-view movie
recepce	vnitřní bazén	lobby	
games room	inn	lobby	
herna	hospoda	lobby	pillow case povlak na polštář
guest	internet access	luggage cart	
host	Přístup na internet	zavazadlový vozík	porter
guesthouse			porter
dům pro hosty	Jacuzzi	maid	
	Jacuzzi	služka	queen size bed
gym			postel velikosti
tělocvična	king-size bed	manager	Queen
	manželská	manažer	
hostel	postel		rate
Hostel		maximum capacity	hodnotit
	kitchenette		
hot tub	kuchyňka	maximální	reception
vířivka		kapacita	recepce
	late charge		
hotel	pozdní	minibar	reception
hotel	poplatek	mini-bar	recepce
hotel manager	laundry	motels	receptionist
hotelový manažer	prádelna	motely	recepční
	laundry	noisy	reservation
housekeeper	service	hlučný	rezervace

English	Czech	English	Czech	English	Czech
		safe	bezpečný	suite	apartmá
restaurant	restaurace				vending machine
		sauna	sauna	towels	ručníky	prodejní automat
rollaway bed	rozkládací postel	shower	sprcha	triple room	třílůžkový pokoj	view	Pohled
room attendant	obsluha místnosti	single bed	jednolůžko	twin room	dvojlůžkový pokoj	wake up call	probudit hovor
room key	pokojový klíč	single room	jednolůžkový pokoj			weight room	posilovna
room number	číslo pokoje			vacancy	volné místo	whirl pool	vířivá vana
room service	pokojová služba	sofa bed	pohovka	vacant	volný	workout room	cvičební místnost
		stay at a hotel	zůstat v hotelu	valet	komorník		

Kitchen Phrases

Where are the glasses?
Kde jsou brýle?

Where are the dishes?
Kde jsou jídla?

Where is the silverware?
Kde je stříbro?

Do you have a can opener?
Máte otvírák na konzervy?

Do you have a bottle opener?
Máte otvírák na láhve?

Do you have a corkscrew?
Máte vývrtku?

Are you cooking the soup in this pot?
Vaříte polévku v tomto hrnci?

Are you frying the fish in this pan?
Smažíte ryby v této pánvi?

Are you grilling the vegetables on this grill?
Jste grilování zeleniny na tomto grilu?

I am setting the table.
Postavuji stůl.

Here are the knives, the forks and the spoons.
Zde jsou nože, vidličky a lžíce.

Here are the glasses, the plates and the napkins.
Zde jsou sklenice, talíře a ubrousky.

Kitchen Vocabulary

apron
zástěra

bread basket
chléb koš

bowl
miska

teapot
konvice na čaj

measuring cup
odměrka

baking tray

plech na
pečení

timer
časovač

spice
containers
koření
kontejnery

chopping
board
prkénko

grater

struhadlo

pie plate
koláčový talíř

salad spinner
salátový
spinner

colander
cedník

butter dish
miska na
máslo

oven glove
rukavice na
pečení

napkin
ubrousek

chopsticks
tyčinky

rolling pin
váleček

measuring
spoon
odměrka

Dining Phrases

a bottle of wine
láhev vína

A cup of tea, please.
Šálek čaje, prosím.

A glass of water, please.
Sklenici vody, prosím.

à la carte
à la carte

A table for two, please.
Stůl pro dva prosím.

Another, please.
Další, prosím.

Can I look at the menu, please?
Mohu se podívat na menu,
prosím?

Can I look in the kitchen?
Mohu se podívat do kuchyně?

Can I order some food?
Mohu si objednat nějaké jídlo?

Can I order sour vegatables?
Mohu si objednat kyselé
vegatables?

Can you make it "lite", please?
(less oil/butter/lard)

Můžete to udělat "lite", prosím?
(méně oleje / másla / sádlo)

coffee with milk
káva s mlékem

Could I have the bill, please.
Můžu dostat úcet, prosím.

Could I have the menu, please?
Mohl bych mít menu, prosím?

Do you have any vegetarian
dishes?
Máte nějaké vegetariánské
pokrmy?

Do you have vegetarian dishes?
Máte vegetariánská jídla?

Do you want some more?
Chceš ještě víc?

Does the bill include the service
charge?
Zahrnuje faktura servisní
poplatek?

Don't make if spicy!
Nerobte-li pikantní!

Don't use any salt.
Nepoužívejte žádnou sůl.

Enjoy the meal!
Dobrou chuť!

Excuse me, waiter?
Promiňte, číšníku?

Excuse me, waitress?
Promiňte, číšnice?

fixed-price meal
jídlo za pevnou cenu

How much is it altogether?
Kolik je to celkem?

I am eating a sandwich with
margarine and tomatoes.
Jím sendvič s margarínem a
rajčaty.

I am eating a sandwich with
margarine.
Jím sendvič s margarínem.

I am eating a sandwich.
Jím sendvič.

I am eating toast with butter and
jam.
Jím toast s máslem a
marmeládou.

I am eating toast with butter.
Jím toast s máslem.

I am eating toast.
Jím toast.

I am making a fruit salad.
Vyrábím ovocný salát.

I don't eat beef.
Nejím hovězí maso.

I don't eat pork.
Nejím vepřové maso.

I have a banana and a pineapple.
Mám banán a ananas.

I have a kiwi and a melon.
Mám kiwi a meloun.

I have a reservation.
Mám rezervaci.

I have a strawberry.
Mám jahody.

I have a table reserved in the
name Johnson.
Mám tabulku rezervovanou na
jméno Johnson.

I have an apple and a mango.
Mám jablko a mango.

I have an orange and a
grapefruit.
Mám pomeranč a grapefruity.

I like my steak medium.
Mám rád své steak medium.

I like my steak rare.
Líbí se mi můj steak vzácný.

I like my steak well-done.
Líbí se mi dobře vyrobený steak.

I only eat halal food.
Jím jen halal jídlo.

I think there is a mistake in the bill.
Myslím, že v účtu je chyba.

I would like a table near to the window.
Chtěl bych stůl u okna.

I would like something to drink.
Chtěl bych něco k pití.

I would like the menu, please.
Chtěl bych menu, prosím.

I would like to order now.
Chtěl bych si objednat hned.

I would like to see the menu, please.
Chtěl bych vidět menu, prosím.

I'd like a beer.
Chtěl bych pivo.

I'd like a coffee with milk.
Chtěl bych kávu s mlékem.

I'd like a coffee.

Chtěl bych kávu.

I'd like a mineral water.
Chtěl bych minerální vodu.

I'd like a tea with lemon.
Chtěl bych čaj s citronem.

I'd like a tea with milk.
Chtěl bych čaj s mlékem.

I'd like a tea.
Chtěl bych čaj.

I'd like an orange juice.
Chtěl bych pomerančový džus.

I'm missing a fork.
Chybí mi vidlička.

I'm missing a knife.
Chybí mi nůž.

I'm missing a spoon.
Chybí mi lžíce.

I'd like this charged to my room, please.
Chtěl bych, aby to bylo účtováno do mého pokoje.

I'm a vegetarian.
Jsem vegetarián.

I'm full!
Jsem plný!

I'm hungry!
Mám hlad!

Is service included?
Je služba zahrnuta?

Is the tip included?
Je v ceně zahrnuto spropitné?

Is there a house specialty?
Je tu domácí specialita?

Is there a local specialty?
Existuje místní specialita?

Is this table taken?
Je tato tabulka odebrána?

Is this table taken?
Je tato tabulka odebrána?

It's delicious!
Je to vynikající!

May I request sweet and sour chicken?
Mohu požádat o sladké a kyselé kuře?

More, please.
Víc prosím.

Pass the… please.
Předejte ... prosím.

That doesn't taste good.
To nechutná dobře.

That's all.
To je vše.

That's not what I ordered.
To není to, co jsem si objednal.

The check, please.
Zaplatím.

The food is cold.
Jídlo je studené.

The food is very delicious.
Jídlo je velmi chutné.

The meal was very good, thank you.
Jídlo bylo velmi dobré, děkuji.

The menu, please.
Menu, prosím.

The wine list, please.
Seznam vín, prosím.

This is not good. I can't eat this!
Tohle není dobré. To nemohu sníst!

To your health!
Pro vaše zdraví!

Waiter!
Číšník!

We need bread and rice.

Potřebujeme chléb a rýži.

We need carrots and tomatoes
for the soup.
Pro polévku potřebujeme mrkev
a rajčata.

We need fish and steaks.
Potřebujeme ryby a steaky.

We need pizza and spaghetti.
Potřebujeme pizzu a špagety.

We would like to have breakfast.
Chtěli bychom si dát snídani.

We would like to have dinner.
Chtěli bychom na večeři.

We would like to have lunch.
Chtěli bychom na oběd.

What do you recommend?
Co doporučuješ?

What do you want to drink /
eat?
Co chcete pít / jíst?

What else do we need?
Co ještě potřebujeme?

What types of sandwiches do
you have?
Jaké typy sendvičů máte?

What vegetables do you have?
Jakou zeleninu máš?

What would you like for
breakfast?
Co byste chtěli ke snídani?

What would you like to eat?
Co by sis dal k jídlu?

What would you recommend?
Co bys doporučil?

What's the specialty of the
restaurant?
Jaká je specialita restaurace?

What's today's special?
Co je dnes zvláštního?

Where is the supermarket?
Kde je supermarket?

Where is there a good
restaurant?
Kde je dobrá restaurace?

With sugar, please.
S cukrem, prosím.

Would you like something to
eat?
Dal by sis něco k jídlu?

Would you like that with rice?
Chtěli byste to s rýží?

Beverage Phrases

A lemonade, please.
Limonáda, prosím.

A tomato juice, please.
Rajčatová štáva, prosím.

An apple juice, please.
Jablečnou štávu, prosím.

Another glass of water, please.
Další sklenici vody, prosím.

Could you get me a drink?
Můžeš mi dát drink?

Do you drink alcohol?
Pijete alkohol?

Do you drink coffee with sugar?
Pijete kávu s cukrem?

Do you drink Coke with rum?
Pijete Koks s rumem?

Do you drink tea with lemon?
Pijete čaj s citronem?

Do you drink water with ice?
Pijete vodu s ledem?

Do you drink whisky / whiskey (am.)?
Pijete whisky / whisky (am.)?

Do you serve alcohol?
Podáváte alkohol?

Get me a drink.
Dej mi drink.

I am very thirsty.
Mám velkou žízeň.

I do not like beer.
Nelíbí se mi pivo.

I do not like champagne.
Nelíbí se mi šampanské.

I do not like wine.
Nemám rád víno.

I drink coffee.
Piji kávu.

I drink mineral water.
Piju minerální vodu.

I drink tea.
Piju čaj.

I want a drink.
Chci pití.

I'd like a beer.
Chtěl bych pivo.

I'd like a bottle of champagne.

Chtěl bych láhev šampanského.

I'd like a coffee with milk.
Chtěl bych kávu s mlékem.

I'd like a coffee.
Chtěl bych kávu.

I'd like a glass of red wine.
Chtěl bych sklenku červeného
vína.

I'd like a glass of white wine.
Chtěl bych sklenku bílého vína.

I'd like a mineral water.
Chtěl bych minerální vodu.

I'd like a tea with lemon.
Chtěl bych čaj s citronem.

I'd like a tea with milk.
Chtěl bych čaj s mlékem.

I'd like a tea.
Chtěl bych čaj.

I'd like an orange juice.
Chtěl bych pomerančový džus.

Ice please.
Led prosím.

Is the water safe to drink?
Je voda bezpečná k pití?

More water please.
Více vody, prosím.

No ice please.
Žádný led, prosím.

People are drinking wine and
beer.
Lidé pijí víno a pivo.

The child likes cocoa and apple
juice.
Dítě má rád kakao a jablečnou
štávu.

The woman likes orange and
grapefruit juice.
Žena má rád pomerančovou a
grapefruitovou štávu.

There is a party here.
Je tu párty.

To drink, I would like some
white wine.
K pití bych chtěl nějaké bílé víno.

What would you like to drink?
Co si dáte k pití?

With sugar, please.
S cukrem, prosím.

Would you like something to
drink?
Přejete si něco k pití?

Food Phrases

I have a strawberry.
Mám jahody.

I have a kiwi and a melon.
Mám kiwi a meloun.

I have an orange and a
grapefruit.
Mám pomeranč a grapefruity.

I have an apple and a mango.
Mám jablko a mango.

I have a banana and a pineapple.
Mám banán a ananas.

I am making a fruit salad.
Vyrábím ovocný salát.

I am eating toast.
Jím toast.

I am eating toast with butter.
Jím toast s máslem.

I am eating toast with butter and
jam.
Jím toast s máslem a
marmeládou.

I am eating a sandwich.
Jím sendvič.

I am eating a sandwich with

margarine.
Jím sendvič s margarínem.

I am eating a sandwich with
margarine and tomatoes.
Jím sendvič s margarínem a
rajčaty.

We need bread and rice.
Potřebujeme chléb a rýži.

We need fish and steaks.
Potřebujeme ryby a steaky.

We need pizza and spaghetti.
Potřebujeme pizzu a špagety.

What else do we need?
Co ještě potřebujeme?

We need carrots and tomatoes
for the soup.
Pro polévku potřebujeme mrkev
a rajčata.

Where is the supermarket?
Kde je supermarket?

I am thirsty / I am very thirsty!
Mám žízeň / jsem velmi žízní!

Get me some water, please.
Dej mi trochu vody, prosím.

Bring me some water, please.
Přines mi trochu vody, prosím.

Get me a cold drink, please.
Dej mi studený nápoj, prosím.

Bring me some refreshment,
please.
Přines mi nějaké občerstvení,
prosím.

I am hungry / I am very hungry!
Mám hlad / mám velmi hlad!

Get me some food, please.
Dej mi nějaké jídlo, prosím.

Bring me some hot food, please.
Přines mi nějaké teplé jídlo,
prosím.

Food Vocabulary

Alcoholic	meruňková	hrušková štáva
Alkoholik	štáva	
	iced tea	
	ledový čaj	Tea
beer	black tea	Caj
pivo	Černý čaj	
		Juice
	Šťáva	water
brandy	cherry juice	voda
brandy	třešňová štáva	
	kefir	
	kefír	whisky
champagne	Coffee	whisky
šampaňské	Káva	
	lemonade	
	limonáda	wine
cognac	coke	víno
koňak	Kola	
	milk	
	mléko	bagel
liqueur	cream	bagel
likér	krém	
	milkshake	
	koktejl	biscuit
martini	Drinks	suchar
Martini	Nápoje	
	mixed juice	
	míchaná štáva	black bread
rum	gingerale	(dark rye
rum	gingerale	bread)
	Non-alcoholic	černý chléb
	Nealkoholický	(tmavý žitný
tequila	grapefruit	chléb)
tequila	juice	orange juice
	grepový džus	pomerančový
vodka		džus
vodka	green tea	bread
	zelený čaj	chléb
		peach juice
apple juice		broskvová
jablečný džus	hot chocolate	štáva	buckwheat
	horká	pohanka
apricot juice	čokoláda	pear juice	buns

59

housky

tart, pie
koláč, koláč

dip
dip

cheddar
čedar

cake

dort

unleavened
nekvašený

dressing
obvaz

cheese
sýr

cookie

cookie

white bread
bílý chléb

ice
led

cream cheese
tavený sýr

crepe

krep

candy
cukroví

jam
džem

curds
tvaroh

daily bread

denní chléb

candy_bar
tyčinku

ketchup
kečup

dairy
Mléčné
výrobky

flour

mouka

caramel
karamel

mayonnaise
majonéza

Edam cheese
Eidamový sýr

gyro

gyroskop

chewing gum
žvýkačka

mustard
hořčice

egg
vejce

millet

proso

jellybeans
želé

sauce
omáčka

Gouda cheese
Gouda sýr

muffin

muffin

kettle corn
konvice

kukuřice

sour cream
zakysaná
smetana

ice cream cone
zmrzlinový
kornout

pancake

lívanec

butter
máslo

barbecue
grilování

almond cookie
mandlový

pie, patty

koláč, patty

chips

batter
těsto

cookie

Products from
flour
Výrobky z
mouky

bramborové
hranolky

chocolate
čokoláda

boil
vařit

ambrosia
ambrózie

angelfood cake
angelfood dort

apple brown
Betty
jablko hnědá
Betty

apple crisp
jablko křupavé

apple pie
jablečný koláč

baked Alaska
pečená Aljaška

baked apple
pečené jablko

baklava
baklava

banana split
banánový split

Belgian waffle
Belgická vafle

biscotti
biscotti

black forest
cake
Černý lesní
koláč

blueberry
muffin
borůvkový
muffin

bombe
bombe

Boston cream
pie
Boston
krémový koláč

bread pudding
pudink chleba

brownie
šotek

buttercream
frosting
krémová
poleva

butterscotch
butterscotch

candy apple
cukroví jablko

cannoli
Cannoli

caramel apple
karamelové
jablko

carrot cake
mrkvový koláč

cheesecake
tvarohový
koláč

cherry pie
třešňový koláč

chocolate bar
tabulka
čokolády

chocolate cake
čokoládový
dort

chocolate chip
cookie
čokoláda čip
cookie

chocolate
mousse
čokoládová
pěna

churro
churro

cinnamon roll
skořice roll

cobbler
Švec

coconut cake
kokosový dort

coconut cream
pie
kokosový
krémový koláč

coffee cake
kávový dort

crepe Suzette
krepová Suzette

cupcake
košíček

custard
pudink

Danish pastry
Dánské pečivo

dessert
dezert

devil's food
cake
ďábelský dort s
jídlem

doughnut
Kobliha

dumplings
houskové
knedlíky

koláč

eclair
Eclair

gelato
gelato

ladyfingers
dámské prsty

nougat
nugát

flan
dort

gingerbread
perník

lemon bars
citronové
tyčinky

nut brittle
ořech křehký

fortune cookie
sušenka štestí

gingersnaps
gingersnaps

oatmeal cookie
ovesné sušenky

French toast
francouzský
toast

honey
Miláček

lemon
meringue pie
citronová
pusinka

pancakes
palačinky

fritter
roztříštit

hot-fudge
sundae
hot-fudge
sundae

macaroon
makronka

panna cotta
panna cotta

frosting
poleva

ice cream
zmrzlina

marshmallow
ibišek

parfait
parfait

frozen yogurt
mražený jogurt

ice cream cake
zmrzlinový
dort

meringue
sněhová
pusinka

pastry
pečivo

fruit cake
ovocnýdort

icing
námrazy

molasses
melasa

peanut brittle
arašídový
křehký

fruit cocktail
ovocný koktejl

jelly
želé

mousse
pěna

peanutbutter
cookie

fruit salad
ovocný salát

jellyroll
želé

neapolitan ice
cream
neapolská
zmrzlina

peanutbutter
cookie

fudge
fondán

Key lime pie
Klíčový
limetkový

nectar
nektar

pecan pie
koláč s
pekanovými
ořechy

gelatin
želatina

pie

English	Czech	English	Czech
koláč		rice pudding rýžový nákyp	shortcake jahodový koláč	toasted marshmallow opékaný marshmallow
poached pears pošírované hrušky	scone buchtička	strudel jablečný závin	toffee karamela
popcicle populace	sherbet šerbet	sugar cukr	torte torte
popover druh muffinu	shortbread sušenka	sugar cookie cukr cookie	trifle maličkost
pound cake libra dort	s'mores s'mores	sundae zmrzlinový pohár	truffle lanýž
praline pralinka	snickerdoodle snickerdoodle	sweet potato pie sladký bramborový koláč	turnover obrat
pudding pudink	soda soda		upside-down cake dort vzhůru nohama
pumpkin pie dýňový koláč	soda bread sodový chléb	sweet roll sladká Rolka	
quick bread rychlý chléb	sorbet sorbet	sweets cukroví	vanilla cream pie vanilkový krémový koláč
raisin bread rozinky chléb	souffle suflé	tapioca pudding tapiokový pudink	vanilla pudding vanilkový pudink
red velvet cake červený sametový dort	sponge cake piškotový dort spumoni spumoni	tart dortík	waffle vafle
rhubarb pie rebarbora koláč	strawberry		

63

watermelon ice
meloun led

kopeček
zmrzliny

teaspoon
čajová lžička

apple
jablko

yellow cake
žlutý dort

knife
nůž

tongs
kleště

apricot
meruňka

zabiglone
zabiglone

mug
džbánek

burrito
burrito

avocado
avokádo

bowl
miska

napkin
ubrousek

casserole
kastrol

banana
banán

bread basket
chléb koš

pepper mill
Mlýnek na
pepř

French fries
hranolky

berry
bobule

bread knife
Nůž na chleba

platter
talíř

hamburger
hamburger

black currant
černý rybíz

carafe
karafa

salad spinner
salátový
spinner

hotdog
párek v
rohlíku

blackberry
ostružina

chopsticks
tyčinky

blood orange
červený
pomeranč

salt shaker
Solnička

pizza
pizza

cutlery
příbory

spoon
lžíce

sandwich
sendvič

blueberry
borůvka

fork
Vidlička

steak knife
steakový nůž

take-out
vytáhnout

boysenberry
boyenberry

glasses
brýle

tablespoon
lžíce

caviar
kaviár

breadfruit
breadfruit

ice bucket
kbelík s ledem

teakettle
čajová konvice

clam
škeble

cantaloupe
ananasový

ice cream scoop

meloun

cherry
třešeň

citron
citrón

citrus
citrus

coconut
kokosový ořech

crabapple
crabapple

cranberry
brusinka

current
proud

date
datum

dates
Termíny

dragonfruit
dračí ovoce

dried
sušené

durian
durian

elderberry
bezinka

fig
obr

Fruit
Ovoce

gooseberry
angrešt

grape
hroznový

grapefruit
grapefruit

guava
guava

honeydew
medovice

jackfruit
jackfruit

kiwi
kiwi

kumquat
kumquat

lemon
citrón

lime
Limetka

lingonberry
brusinka

loquat
mišpule

lychee
liči

mandarin orange
mandarinka

mango
mango

marionberry
marionberry

melon
meloun

mulberry
moruše

nectarine
nektarinka

orange
oranžový

papaya
papája

passion fruit
mučenka

peach
broskev

pear
hruška

persimmon
tomel

pineapple
ananas

plantain
jitrocel

plum
švestka

pluot
pluot

pomegranite
granátové jablko

pomelo
pomelo

prune
prořezávat

quince
kdoule

raisin
rozinka

raspberry
malina

red currant
červený rybíz

star fruit
hvězdné ovoce

strawberry
jahoda

tangelo
tangelo

tangerine
mandarinka

ugli fruit
ošklivé ovoce

watermelon
vodní meloun

barley
ječmen

cereal
cereálie

Grain
Obilí

granola

granola

oatmeal
ovesné vločky

rice
rýže

allspice
nové koření

angelica
angelika

anise
anýz

annato
annato

basil
bazalka

bay
záliv

berbere
berbere

borage
brutnák

capers
kapary

caraway
kmín

cardamon
kardamon

carob
rohovník

cayenne
pepper
kajenský pepř

celery seed
celer semeno

chervil
kerblík

chicory
čekanka

chili pepper
chilli papričky

chives
pažitka

cicely
cicely

cilantro
koriandr

cinnamon
skořice

clove
stroužek

coriander
koriandr

curry leaf
kari list

dill
kopr

epazote
epazote

fennel
fenykl

fenugreek
pískavice

filé
soubor

galangal
galangal

garam masala
garam masala

garlic
česnek

garlic chives
česnek pažitka

ginger
zázvor

green onion
zelená cibule

harissa
harissa

horseradish
křen

hyssop
yzop

jasmine flowers
jasmínové
květy

jerk spice
trhavé koření

juniper berry
bobule jalovce

kaffir lime
leaves
Kaffir vápno
listy

lavender
levandule

lemon balm
citronový
balzám

lemon verbena
citronová
verbena

licorice
lékořice

lovage
láska

mace
muškátový
květ

marjoram
majoránka

mint
máta

mustard seed
hořčičné
semínko

nasturtium
nasturtium

nutmeg
muškátový
oříšek

onion
cibule

oregano
oregano

paprika
paprika

parsley
petržel

pepper
pepř

peppermint
máta peprná

rosemary
rozmarýn

rue
litovat

saffron
šafrán

sage
šalvěj

salad burnet
salátová svíčka

sassafras
sassafras

savory
pikantní

spearmint
máta peprná

star anise
badyán

sumac

Sumac

tarragon
estragon

thyme
tymián

tumeric
numerický

vanilla
vanilka

wasabi
wasabi

watercress
řeřicha

wintergreen
wintergreen

woodruff
mařinka vonná

yellow mustard
žlutá hořčice

herbs
byliny

breakfast
snídaně

brunch
pozdní snídaně

Meat
lískový oříšek

dinner
Maso
fluke

večeře
Nuts
fluke

meatball
Ořechy

lunch
masová koule
hake

oběd
peanut
štikozubec

meatloaf
arašíd

meal
sekaná
herring

jídlo
pistachio
sleď

mutton
pistácie

supper
skopové maso
horse

večeře
walnut
kůň

pork
vlašský ořech

bacon
vepřové maso
humpback

slanina
anchovy
salmon

rabbit
sardel
keporkak losos

beef
králičí

hovězí
bass
huso

sausage
basa
huso

chicken
klobása

kuře
carp
mackerel

turkey
kapr
makrela

chicken
krocan

kuře
codfish
mussel

veal
treska
slávka

fat
telecí maso

Tlustý
crab
mussels

venison
krab
slávky

fillet
zvěřina

filé
crucian
oyster

almond
ukřižován
ústřice

ham
mandle

šunka
fish
pike

cashew
Ryba
štika

lamb
kešu

jehněčí
flatfish
pike perch

hazelnut
platýs
štika okoun

		bland	barbecue gril
salmon	cardamom	nevýrazný	
losos	kardamon		baster
		chef	bastery
sardine	carnation	šéfkuchař	
sardinka	karafiát		basting brush
		chew	štípací kartáč
Seafood	cloves	žvýkat	
Plody moře	hřebíček		blender
		chow	mixér
sheatfish,	estragon	chow	
catfish	estragon		bundt pan
sumec, sumec		crisp	bundt pánev
	jicama	křupavý	
shrimp	jicama		butcher block
krevety		crunch	řezník blok
	olive	křupat	
squid	olivový		cake pan
oliheň		crust	dort pánve
	punch	kůra	
sturgeon	rána pěstí		can opener
jeseter		cuisine	otvírák
	salt	kuchyně	
trout	sůl		casserole pan
pstruh		cupboard	pánev
	sorrel	skříňka	
tuna	šťovík		charcoal grill
tuňák		apron	gril na dřevěné
	Spice	zástěra	uhlí
halibut	Koření		
halibut		baking pan	cheese cloth
	turmeric	pekáč	sýrový hadřík
chili	kurkuma		
chili		baking sheet	coffee maker
	bitter	pečící papír	kávovar
caper	hořké		
caper		barbecue grill	coffee pot

konvice na
kávu

cupcake pan
košíček pan

garlic press
lis na česnek

infuzor

jar opener
otvírák na jar

colander
cedník

custard cup
pudinkový
pohár

gelatine mold
želatinová
forma

jellyroll pan
želé

convection
oven
konvekční pec

cutting board
prkénko

grater
struhadlo

juicer
odšťavňovač

cookbook
kuchařka

Dutch oven
holandská
trouba

griddle
rošt

kettle
konvice

cookie cutter
řezačka
souborů cookie

egg beater
vejce šlehac

grill pan
grilovací
pánev

ladle
naběračka

cookie press
cookie press

egg poacher
pytlák na vejce

grinder
mlýnek

lasagne pan
lasagne pánev

cookie sheet
list cookie

egg timer
vejce časovač

hamburger
press

lid
víčko

cooling rack
chladicí stojan

espresso
machine
espresso stroj

hamburger
press

mandolin
mandolína

corer
Corer

hand mixer
ruční mixér

measuring cup
odměrka

fondue pot

crepe pan
krepová pánev

fondue pot

honey pot
hrnec medu

measuring
spoon
odměrka

food processor
kuchyňský
robot

icing spatula
námrazy
špachtle

crock
herka

microwave
oven

crock pot
hliněný hrnec

frying pan
pánev

infuser

mikrovlnná
trouba

70

mixing bowl
mísa na mixování

mold
plíseň

mortar and pestle
malta a tlouček

muffin pan
muffinová pánev

nut cracker
ořech cracker

oven
trouba

oven mitts
trouba rukavice bez prstů

pan
pánev

parchment paper
pergamenový papír

paring knife
nůž na sekání

pastry bag
pečivo taška

peeler
škrabka

percolator
cedník

pie pan
koláč pan

pitcher
Džbán

pizza cutter
řezačka pizzy

pizza stone
pizza kámen

popcorn popper
popcorn popper

pot
hrnec

pot holder
držák hrnce

poultry shears
nůžky na drůbež

pressure

cooker
tlakový hrnec

quiche pan
quiche pánev

raclette grill
raclette gril

ramekin
ramekin

refrigerator
lednička

rice cooker
vařič rýže

ricer
ricer

roaster
pražírna

roasting pan
pánev na smažení

rolling pin
váleček

salad bowl
salátová mísa

sauce pan
omáčka

scissors
nůžky

sharpening steel
broušení oceli

shears
nůžky

sieve
síto

skewer
špíz

skillet
pánev

slicer
kráječ

slow cooker
pomalý kuchař

souffle dish
souffle jídlo

spice rack
Police na koření

steamer
parník

stockpot
zásoba

stove	vaflové železo	lilek, vejce	brown rice
kamna			hnědá rýže
	water filter	bamboo shoots	
strainer	vodní filtr	bambusové	Brussels
filtr		výhonky	sprouts
	whisk		Růžičková
tart pan	metla	bean	kapusta
dortík		fazole	
	wok		butter bean
tea infuser	wok	beancurd	máslo
čajový infuzor		tofu	
	yogurt maker		cabbage
thermometer	výrobce	beans	zelí
teploměr	jogurtu	fazole	
			carrot
toaster	zester	beet	mrkev
toustovač	zester	řepa	
			cassava
toaster oven	hummus	beetroot, beet	kasava
toustovací	humus	červená řepa,	
trouba		řepa	cauliflower
	guacamole		květák
trivet	guacamole	bell pepper	
třínožka		paprika	celery
	eggplant		celer
utensils	lilek	black beans	
nádobí		černé fazole	chard
	fava bans		mangold
vegetable bin	fava zakazuje	black-eyed	
zeleninový koš		peas	chick peas
	acorn squash	hrách s	cizrna
vegetable	žalud squash	černýma	
peeler		očima	cucumber
škrabka na	alfalfa sprouts		okurka
zeleninu	klíčky vojtěšky	broccoli	
		brokolice	dandelion
waffle iron	aubergine, egg		greens

72

pampeliška zelené

hrášek

appetite
chuť

drink
napít se

flax
len

pepper, capsicum
pepř, paprika

appetizer
předkrm

dry
suchý

hash
hash

potato
brambor

ate
jedl

eat
jíst

iceberg lettuce
ledový salát

pumpkin
dýně

bake
upéct

edible
jedlý

jalapeno
jalapeno

salad
salát

calorie
kalorie

fast
rychle

kale
kapusta

squash
tykev

carbohydrate
uhlohydrát

feast
hody

kidney beans
fazole

tomato
rajče

cater
obstarávat

fed
krmeno

lettuce
salát

tuber
hlíza

diet
strava

feed
krmivo

mashed potatoes
bramborová kaše

turnip
vodnice

digest
strávit

fire
oheň

vegetable
zelenina

digestive system
zažívací ústrojí

food
jídlo

mushroom
houba

Vegetables
Zelenina

fried
smažený

dine
veceret

mustard greens
hořčičná zelenina

vegtable marrow
vegtable dřeň

diner
vecere

fry
potěr

pea

gastronomy

gastronomie		kitchen	rybíz
	julienne	kuchyně	
grub	Julienne		curry
grub		thirst	kari
	junk food	žízeň	
hunger	nezdravé jídlo		daikon
hlad		chutney	daikon
	kebab	chutney	
hungry	kebab		
hladový		currants	

Measurements [2]

There are two main systems for measuring distances and weight, the Imperial System of Measurement and the Metric System of Measurement. Virtually everywhere in the world uses the Metric System, which uses the measuring units such as meters and grams and adds prefixes like kilo, milli and centi to count orders of magnitude. In the United States, people use the Imperial system, where things are measured in feet, inches and pounds.

The Metric and Imperial systems are both systems of measurement. That is, they are not just one unit of measure, but are inter-related systems of many units of measure – measuring length and area, weight and mass, volume, force, energy, power, time, temperature, luminosity, etc.

Metric and Imperial differ in almost all of the particular units used in the two systems (metres vs feet, kilograms vs pounds, etc.). However, they share units measuring time (seconds, minutes, hours) and electricity (volts, amperes, watts, ohms, etc.) — Time, because no one was successful in decimalizing it, and electricity because it is newer than either the Metric or Imperial system.

The Imperial System is also called The British. After the U.S gained independence from Britain, the new American government decided to keep this type of measurement, even though the metric system was gaining in popularity at the time.

Here are a few things to remember:
- 1 mile equals 1.6 Kilometers.
- 1 inch is about 25 millimeters or 2.54 centimeters
- A 3-foot measurement is almost exactly 1 meter
- 1 Kilogram is just over 2 pounds

2

Adapted from https://ever-hardware.com/what-is-the-difference-between-imperial-and-metric-systems.html#:~:text=Most%20countries%20use%20the%20Metric,in%20feet%2C%20inches%20and%20pounds.

- 1 pound is about 454 grams
- For British visitors, 100 pounds = 7.14 stone

Temperature scales are different too. Though not technically part of the metric system, Americans measure temperature in Fahrenheit, not Centigrade.
Here are some more handy conversions for temperature:

- 0 degrees Celsius is equal to 32 degrees Fahrenheit. (The freezing point)
- 24 degrees Celsius is equal to 75 degrees Fahrenheit. (A very pleasant day)

To convert Celcius (c) to Fahrenheit, use the formula (c * 1.8) + 32
If you need to convert from Imperial or US Standard units to Metric, or the other way around, one of the tables of difference between imperial and metric below should help.

LENGTH

Metric		US or Imperial
1 millimeter [mm]		0.03937 in
1 centimeter [cm]	10 mm	0.3937 in
1 meter [m]	100 cm	1.0936 yd
1 kilometer [km]	1000 m	0.6214 mile

US or Imperial		
1 inch [in]		2.54 cm
1 foot [ft]	12 in	0.3048 m
1 yard [yd]	3 ft	0.9144 m
1 mile	1760 yd	1.6093 km

1 int nautical mile	2025.4 yd		1.853 km

AREA

Metric			US or Imperial
1 sq cm [cm^2]	100 mm^2		0.1550 in^2
1 sq m [m^2]	10,000 cm^2		1.1960 yd^2
1 hectare [ha]	10,000 m^2		2.4711 acres
1 sq km [km^2]	100 ha		0.3861 mile^2

US or Imperial			Metric
1 sq inch [in^2]			6.4516 cm^2
1 sq foot [ft^2]	144 in^2		0.0929 m^2
1 sq yd [yd^2]	9 ft^2		0.8361 m^2
1 acre	4840 yd^2		4046.9 m^2
1 sq mile [mile^2]	640 acres		2.59 km^2

VOLUME/CAPACITY

Metric		US Measure	Imperial
1 cu cm [cm^3]			0.0610 in^3
1 cu decimeter [dm^3]	1,000 cm^3		0.0353 ft^3
1 cu meter [m^3]	1,000 dm^3		1.3080 yd^3
1 liter [l]	1 dm^3	2.113 fluid pt	1.7598 pt

US Measure	Imperial		Metric
1 cu inch [in^3]			
1 cu foot [ft^3]			
1 fluid ounce	1.0408 UK fl oz		29.574 ml
1 pint (16 fl oz)	0.8327 UK pt		0.4732 liters
1 gallon (231 in^3)	0.8327 UK gal		3.7854 liters

English / Czech Phrasebook

MASS

Metric			
1 milligram [mg]			0.0154 grain
1 gram [g]	1,000 mg		0.0353 oz
1 kilogram [kg]	1,000 g		2.2046 lb
1 tonne [t]	1,000 kg		1.1023 short ton
1 tonne [t]	1,000 kg		0.9842 long ton
US or Imperial			
1 ounce [oz]	437.5 grain		28.35 g
1 pound [lb]	16 oz		0.4536 kg
1 stone	14 lb		6.3503 kg

English / Czech Phrasebook

1 hundredweight [cwt]	112 lb		50.802 kg
1 short ton (US)			0.9072 t
1 long ton (UK)			1.0160 t

83

Measurement Phrases

An ear of corn
Klas kukuřice

bag of flour
pytel mouky

bowl of rice
mísa rýže

box of cereal
krabička obilovin

can of soup
plechovka polévky

carton of ice cream
karton zmrzliny

clove of garlic
stroužek česneku

cube of ice
kostka ledu

dash of salt
trocha soli

dish of spaghetti
jídlo ze špaget

grain of salt
zrnko soli

head of lettuce
Hlávka salátu

jar of peanut butter
sklenice arašídového másla

kernel of corn
jádro kukuřice

loaf of bread
bochník chleba

pack of gum
balíček gumy

package of pasta
balíček těstovin

piece of cake
kus dortu

pound of meat
libra masa

slice of bread
krajíc chleba

spear of asparagus
kopí chřestu

stalk of celery

stonek celeru

bottle of wine
láhev vína

cup of coffee
šálek kávy

drop of rain
kapka deště

gallon of punch
galon punče

glass of water
sklenice vody

half gallon of juice
půl galonu šťávy

jug of lemonade
džbán limonády

keg of beer
sud piva

pint of blood
půllitr krve

quart of milk
litr mléka

shot of vodka
panák vodky

tablespoon of vinegar
lžíce octa

tank of gas
palivová nádrž

teaspoon of medicine
lžička léku

ball of cotton
bavlněná koule

bar of soap
mýdlo

bottle of perfume
láhev parfému

container of shampoo
nádoba na šampon

roll of toilet paper
role toaletního papíru

stick of deodorant
deodorant

tube of toothpaste
tuba zubní pasty

(square) foot / meter of fabric
(čtvereční) stopa / metr látky

skein of yarn
přadeno příze

spool of thread
cívka nití

yard / meter of ribbon
yard / metr pásky

bottle / tube of glue
láhev / tuba lepidla

jar of paste
sklenice pasty

pad of paper
podložka z papíru

pair of scissors
nůžky

piece of paper
kousek papíru

roll of tape
role pásky

piece of chalk
kousek křídy

I always carry a bottle of water in
my bag.
V tašce vždy nosím láhev vody.

There's a new roll of toilet paper
in the bathroom cupboard.
V koupelnové skříni je nová role
toaletního papíru.

Can you get a one-litre carton of
orange juice, please?
Můžete si dát litrovou krabičku
pomerančového džusu, prosím?

Let's open this can of tuna and
make tuna sandwiches.
Otevřeme tu konzervu tuňáka a
připravíme tuňákové sendviče.

How many glasses of wine did
we have with dinner?
Kolik sklenic vína jsme měli k
večeři?

There's a jar of strawberry jam in
the fridge.
V ledničce je sklenice jahodového
džemu.

Squeeze the tube of toothpaste
gently or too much comes out.
Jemně vytlačte tubu zubní pasty
nebo z ní vyjde příliš mnoho.

I wonder how many grains of
sand there are on this beach.
Zajímalo by mě, kolik zrn písku
je na této pláži.

I'll have a bowl of cereal and
some toast, please.
Dám si misku cereálií a toast,
prosím.

How many teaspoons of salt did
you put in the soup?
Kolik čajových lžiček soli jste dali
do polévky?

What length is the pool at the

sports club? Eighteen meters, I think.
Jaká je délka bazénu ve sportovním klubu? Osmnáct metrů, myslím.

And what about the depth? It's not very deep, maybe a meter.
A co hloubka? Není to příliš hluboké, možná metr.

The island is 11 miles long and 5 miles wide.
Ostrov je dlouhý 11 mil a široký 5 mil.

We were travelling at a height of 10,000 meters above sea level.
Cestovali jsme ve výšce 10 000 metrů nad mořem.

The statue is 3 meters high.
Socha je vysoká 3 metry.

The zoo insists on the mammals having a pool at least 10 meters deep, 30 meters wide and 150 meters long.
Zoo trvá na tom, aby savci měli bazén nejméně 10 metrů hluboký, 30 metrů široký a 150 metrů dlouhý.

The island is 11 miles by 5 miles.
Ostrov je 18 mil 5 mil.

She's very tall for her age.

Na svůj věk je velmi vysoká.

The Burj Dubai will be the world's tallest tower.
Burj Dubaj bude nejvyšší věží na světě.

The plants were two meters tall.
Rostliny byly vysoké dva metry.

High ceilings are common in Georgian houses.
V gruzínských domech jsou běžné vysoké stropy.

They built high walls around the garden.
Kolem zahrady postavili vysoké zdi.

The engine is designed to take minimum space and weighs 55 kg.
Motor je navržen tak, aby zabíral minimum místa a váží 55 kg.

We buy things vegetables by the kilo / pound.
Nakupujeme věci ze zeleniny na kilogram / libru.

We buy rice by the kilo, which works out cheaper.
Kupujeme rýži na kilogram, což vyjde levněji.

We use the verb hold to indicate

volume:
Přidržení slovesa používáme k
označení objemu:

The bath holds 500 litres before it
overflows.
Vana pojme 500 litrů, než
přeteče.

Linen is changed weekly and the
villa is cleaned twice a week.
Ložní prádlo se mění jednou
týdně a vila se uklízí dvakrát
týdně.

The water flows in at the rate of
15 litres per minute through the
cold faucet.
Voda proudí studeným faucetem
rychlostí 15 litrů za minutu.

The traffic moves at a fast pace; a
speed of over one hundred
kilometers an hour.
Provoz se pohybuje rychlým
tempem; rychlost přes sto
kilometrů za hodinu.

Measurements Vocabulary

measurement
měření

inch
palec

foot
chodidlo

yard
yard

mile
míle

ounce
unce

pint
pinta

quart
kvart

gallon
galon

pound
libra

ton
tón

millimeter
milimetr

centimeter
centimetr

meter
Metr

kilometer
kilometr

acre

akr

hectare
hektar

liter
litr

level
úroveň

microscope
mikroskop

telescope
dalekohled

clock
hodiny

stethoscope
stetoskop

stopwatch
stopky

sundial
sluneční hodiny

protractor
úhloměr

syringe
stříkačka

speedometer
rychloměr

indicator
indikátor

metronome
metronome

City Phrases

Do të doja të shkoja në stacion.
Chtěl bych jít na stanici.

Do të doja të shkoja në aeroport.
Chtěl bych jít na letiště.

Do të doja të shkoja në qendër të qytetit
Chtěl bych jít do centra města

Si mund të shkoj në stacion?
Jak se dostanu na stanici?

Si mund të shkoj në aeroport?
Jak se dostanu na letiště?

Si të shkoj në qendër të qytetit
Jak se dostanu do centra města

Kam nevojë për taksi.
Potřebuji taxi.

Kam nevojë për një hartë të qytetit.
Potřebuji mapu města.

Kam nevojë për një hotel.
Potřebuji hotel.

Unë do të doja të marr me qira një makinë.
Chtěl bych si pronajmout auto.

Këtu është karta ime e kreditit.
Tady je moje kreditní karta.

Këtu është licenca ime.
Tady je moje licence.

Farë ka për të parë në qytet?
Co je ve městě vidět?

Shkoni në qytetin e vjetër.
Jděte do starého města.

Shkoni në një turne në qytet.
Vydejte se na prohlídku města.

Shkoni në port.
Jděte do přístavu.

Shkoni në një turne në port.
Jděte na přístavní turné.

A ka ndonjë vend tjetër interesi?
Existují další zajímavá místa?

City Vocabulary

ATM
bankomat

avenue
avenue

baker
pekař

bakery
pekařství

bank
banka

bank card
bankovní karta

banknote
bankovka

book
rezervovat

bookshop
knihkupectví

boulevard
bulvár

brothel
bordel

cash
hotovost

castle
hrad

cemetery
hřbitov

cheque
kontrola

church
kostel

cinema
kino

city/town hall
město /
radnice

coffee-house
kavárna

concert
koncert

cook
kuchařka

credit card
kreditní karta

dictionary
slovník

downtown
v centru města

exhibition
výstava

hairdresser
kadeřník

hairdressing
salon
kadeřnictví

hotel
hotel

library
knihovna

market
trh

mayor
starosta

merchant
obchodník

money
peníze

mosque
mešita

museum
muzeum

night club
noční klub

outlaw
psanec

police
policie

police station
policejní stanice

policeman
policista

prison
vězení

professor
profesor

prostitute
prostitutka

public square
veřejné náměstí

restaurant
restaurace

	shop	student	
safe	prodejna		university
bezpečný		synagogue	univerzita
	shopping mall	synagoga	
salesman	obchodní dům		village
prodavač		teacher	vesnice
	store	učitel	
school	ukládat		villager
škola		theater	vesničan
	street	divadlo	
schoolboy	ulice		waiter
školák		thief	číšník
	student	zloděj	

Animals Phrases

The zoo is there.
Zoo je tam.

The giraffes are there.
Žirafy jsou tam.

Where are the bears?
Kde jsou medvědi?

Where are the elephants?
Kde jsou sloni?

Where are the snakes?
Kde jsou hady?

Where are the lions?
Kde jsou lvi?

I have a camera.
Mám kameru.

I also have a video camera.
Mám také videokameru.

Where can I find a battery?
Kde najdu baterii?

Where are the penguins?
Kde jsou tučňáci?

Where are the kangaroos?
Kde jsou klokani?

Where are the rhinos?
Kde jsou nosorožci?

Where is the toilet / restroom?
Kde je toaleta / toaleta?

There is a café over there.
Tam je kavárna tam.

There is a restaurant over there.
Tam je restaurace.

Where are the camels?
Kde jsou velbloudi?

Where are the gorillas and the zebras?
Kde jsou gorily a zebry?

Where are the tigers and the crocodiles?
Kde jsou tygři a krokodýli?

Animals Vocabulary

African gray parrot
Papoušek šedý

African penguin
Africký tučňák

albatross
albatros

bird
pták

black swan
Černá labuť

chickadee
americký ptáček

cockatoo
kakadu

crane
jeřáb

crow
vrána

leghorn
leghorn

loon
cvok

macaque
makak

macaw
papoušek

mallard duck
kachna divoká

mockingbird
Drozd

mongoose
mongoose

owl
sova

peacock
páv

tiger swallowtail butterfly
tygr otakárek motýl

toucan
toucan

vulture
sup

buck

dolar

bull
býk

calf
tele

chicken
kuře

chipmunk
chipmunk

colt
hříbě

cow
kráva

cow
kráva

dairy
Mléčné výrobky

duck
kachna

ewe
ovce

filly
klisnička

goat
koza

heifer
jalovice

horse
kůň

lamb
jehněčí

lamb
jehněčí

livestock
hospodářská zvířata

longhorn
longhorn

mare
kobyla

pig
prase

ram
RAM

sheep
ovce

sire
zplodit

sow
prasnice

stallion
hřebec

steer
řídit

cephalpod
hlavonožce

clam
škeble

clownfish
klaun

cod
treska

codfish
treska

conch
ulita

cookiecutter shark
žralok
Cookiecutter

crab
krab

crayfish
rak

crustacean
korýš

cuttlefish
sépie obecná

jellyfish
Medúza

lanternfish
lucerna

leech
pijavice

lemon shark
citron žralok

lobster
humr

luminous shark
světelný žralok

mackerel
makrela

mako shark
žralok mako

minnow

střevle

mollusk
měkkýš

moray eel
moray úhor

thresher shark
žralok thresher

tiger shark
žralok tygří

urchin
uličník

whale
velryba

xray fish
xray ryby

zebra bullhead shark
žralok zebra

zooplankton
zooplankton

bed bug
roztoč

bee
včela

beetle

brouk

butterfly
motýl

cicada
cikáda

cockroach
šváb

cricket
kriket

larva
larva

leafcutter ant
leafcutter mravenec

lice
vši

lightning bug
blesk

locust
kobylka

luna moth
luna můra

maggot
červ

millipede

stonožka

monarch butterfly
monarch motýl

morpho butterfly
morpho motýl

mosquito
komár

moth
mol

queen bee
včelí královna

thrip
švih

tick
klíště

yellowjacket
žlutá bunda

zebra longwing butterfly
motýl zebra longwing

zebra swallowtail butterfly
zebra otakárek

motýl
yellow mongoose
žlutá mongoose

airedale terrier
airedale teriér

Alaskan malamute
Aljašský malamut

black bear hamster
křeček černého medvěda

cat
kočka

chihuahua
čivava

chimpanzee
šimpanz

collie
kolie

companion dog
společenský pes

Yorkshire terrier
Jorkšírský teriér

žlutá

African rock python
Africký skalní python

black racer
černý závodník

chameleon
chameleón

cobra
kobra

collared lizard
límec

crocodile
krokodýl

loggerhead turtle
želva

loggerhead

monitor lizard
monitor ještěrka

toad
ropucha

tortoise
želva

turtle
želva

aardvark
aardvark

African elephant
Slon africký

African wild cat
Africká divoká kočka

alligator
aligátor

beaver
bobr

bighorn sheep
ovce tlustorohá

bison
bizon

black bear
Černý medvěd

cheetah
Gepard

chinchilla

činčila	hroch	lev	mýval
cougar	koala	lynx	squirrel
Puma	koala	rys	veverka
coyote	lemming	mink	three-toed sloth
kojot	lemování	norek	tříprstá lenost
elephant	lemur	monkey	tiger
slon	lemur	opice	tygr
fox	leopard	moose	yak
liška	leopard	Los	jaka
giraffe	Lhasa apso	mountain lion	zebra
žirafa	Lhasa apso	horský lev	zebra
hippopotamus	lion	raccoon	

Numbers Phrases

I count: Počítám:	One. The first. Jeden. První.
one, two, three jedna dvě tři	Two. The second. Dva. Druhý.
I count to three. Počítám do tří.	Three. The third. Tři. Třetí.
I count further: Počítám dále:	Four. The fourth. Čtyři. Čtvrtý.
four, five, six, čtyři pět šest,	Five. The fifth. Pět. Pátý.
seven, eight, nine sedm, osm, devět	Six. The sixth. Šest. Šestý.
I count. Počítám.	Seven. The seventh. Sedm. Sedmá.
You count. Počítáš.	Eight. The eighth. Osm. Osmý.
He counts. Počítá.	Nine. The ninth. Devět. Devátý.

Numbers Vocabulary

zero
nula

one
jeden

two
dva

three
tři

four
čtyři

five
Pět

six
šest

seven
sedm

eight
osm

nine
devět

ten
deset

eleven

jedenáct

twelve
dvanáct

thirteen
třináct

fourteen
čtrnáct

fifteen
patnáct

sixteen
šestnáct

seventeen
sedmnáct

eighteen
osmnáct

nineteen
devatenáct

twenty
dvacet

twenty one
dvacet jedna

twenty two
dvacet dva

twenty three
dvacet tři

thirty
třicet

forty
čtyřicet

fifty
padesáti

sixty
šedesát

seventy
sedmdesát

eighty
osmdesát

ninety
devadesát

one hundred
sto

one hundred
and one
sto jedna

two hundred
dvě stě

three hundred
tři sta

four hundred
čtyři sta

five hundred
pět set

six hundred
šest set

seven hundred
sedm set

eight hundred
osm set

nine hundred
devět set

one thousand
tisíc

two thousand
dva tisíce

three thousand
tři tisíce

four thousand
čtyři tisíce

five thousand
pět tisíc

six thousand
šest tisíc

seven thousand
sedm tisíc

eight thousand
osm tisíc

nine thousand
devět tisíc

ten thousand
deset tisíc

one million
jeden milión

one billion
miliarda

first
za prvé

second
druhý

third
Třetí

fourth
Čtvrtý

fifth
pátý

sixth
šestý

seventh
sedmý

eighth

osmý

ninth
devátý

tenth
desátý

eleventh
jedenáctý

twelfth
dvanáctý

thirteenth
třináctý

fourteenth
čtrnáctý

fifteenth
patnáctý

sixteenth
šestnáctý

half
polovina

quarter
čtvrťák

percent
procent

less
méně

last
poslední

calculator
kalkulačka

Colors Phrases

Snow is white.
Sníh je bílý.

The sun is yellow.
Slunce je žluté.

The orange is orange.
Oranžová je oranžová.

The cherry is red.
Třešeň je červená.

The sky is blue.
Nebe je modré.

The grass is green.
Tráva je zelená.

The earth is brown.
Země je hnědá.

The cloud is gray .
Mrak je šedý.

The tires are black.
Pneumatiky jsou černé.

What color is the snow? White.
Jakou barvu má sníh? Bílý.

What color is the sun? Yellow.
Jakou barvu má slunce? Žlutá.

What color is the orange?
Orange.
Jaká barva je oranžová?
Oranžový.

What color is the cherry? Red.
Jakou barvu má třešeň? Červené.

What color is the sky? Blue.
Jakou barvu má obloha? Modrý.

What color is the grass? Green.
Jakou barvu má tráva? Zelená.

What color is the earth? Brown.
Jakou barvu má Země? Hnědý.

What color is the cloud? Grey /
Gray .
Jakou barvu má cloud? Šedá /
šedá.

What color are the tires ? Black.
Jakou barvu mají pneumatiky?
Černá.

Colors Vocabulary

aqua	cream	gray	pink
aqua	krém	šedá	růžový
black	crimson	green	purple
Černá	karmínový	zelený	nachový
blond	dark	hue	red
blond	temný	odstín	Červené
blue	dark blue	light	saturation
modrý	tmavě modrá	světlo	nasycení
bronze	emerald	lightness	silver
bronz	smaragd	lehkost	stříbrný
brown	gold	orange	tan
hnědý	zlato	oranžový	opálení
chocolate	gold	pastel	tint
čokoláda	zlato	pastel	nádech
copper	gray	peach	yellow
měď	šedá	broskev	žlutá

House Phrases

Our house is here.
Náš dům je tady.

The roof is on top.
Střecha je nahoře.

The basement is below.
Suterén je dole.

There is a garden behind the house.
Za domem je zahrada.

There is no street in front of the house.
Před domem není ulice.

There are trees next to the house.
Vedle domu jsou stromy.

My apartment is here.

Můj byt je tady.

The kitchen and bathroom are here.
Kuchyň a koupelna jsou zde.

The living room and bedroom are there.
Obývací pokoj a ložnice jsou tam.

The front door is closed.
Přední dveře jsou zavřené.

But the windows are open.
Ale okna jsou otevřená.

It is hot today.
Dnes je horko.

We are going to the living

room.
Jdeme do obývacího pokoje.

There is a sofa and an armchair there.
K dispozici je pohovka a křeslo.

Please, sit down!
Posaďte se, prosím!

My computer is there.
Můj počítač je tam.

My stereo is there.
Má stereo je tam.

The TV set is brand new.
Televizor je zcela nový.

We are

cleaning the apartment today.
Úklid bytu dnes.

I am cleaning the bathroom.
Uklízím koupelnu.

My husband is washing the car.
Můj manžel myje auto.

The children are cleaning the bicycles.
Děti čistí kola.

Grandma is watering the flowers.
Babička zalévá květiny.

The children are cleaning up the children's room.
Děti uklízejí dětský pokoj.

My husband is tidying up his desk.
Můj manžel uklízí stůl.

I am putting the laundry in the washing machine.
Dám prádlo do pračky.

I am hanging up the laundry.
Zavěsil jsem prádlo.

I am ironing the clothes.
Žehlím oblečení.

The windows are dirty.
Okna jsou špinavá.

The floor is dirty.
Podlaha je špinavá.

The dishes are dirty.
Nádobí je špinavé.

Who washes the windows?
Kdo myje okna?

Who does the vacuuming?
Kdo vysává?

Who does the dishes?
Kdo připravuje nádobí?

House Vocabulary

air conditioner
klimatizace

alarm clock
budík

antenna
anténa

apartment
byt

appliances
spotřebiče

armchair
křeslo

attic
podkroví

awning
markýza

back door
zadní dveře

backyard
dvorek

balcony
balkón

baluster

kuželka

barbecue
grilování

baseboard
základní deska

basement
suterén

bath
lázeň

bathroom
koupelna

bathtub
vana

beam
paprsek

bed
lůžko

bedroom
ložnice

bedside table
noční stolek

blinds
žaluzie

bookcase
knihovna

brick
cihlový

broom
koště

bucket
Kbelík

bulb
žárovka

bunk bed
palanda

bureau
kancelář

candle
svíčka

carpet
koberec

carpeting
koberce

ceiling
strop

cellar
sklep

chair
židle

chimney
komín

closet
skříň

clothes dryer
sušička prádla

clothes pin
kolíček

clothes rack
ramínko

clothes washer
pračka na
prádlo

coffee table
konferenční
stolek

column
sloupec

comb
Hřeben

	deck	dormer	eaves
concrete	paluba	vikýře	okapů
beton			
	desk	downspout	electrical outlet
cornice	lavice	downspout	elektrická
římsa			zásuvka
	dining room	downstairs	
corridor	jídelna	přízemí	electrical
koridor			system
	dining table	drain	elektrický
cottage	jídelní stůl	kanalizace	systém
chalupa			
	dish washer	drapes	electricity
couch	myčka	závěsy	elektřina
gauč			
	doggie door	drawer	elevator
counter	Doggie dveře	šuplík	výtah
čelit			
	doghouse	drawing room	entrance
crib	Bouda pro psa	salonek	vchod
betlém			
	door	dresser	entry
cupboard	dveře	prádelník	vstup
skříňka			
	door bell	driveway	entryway
curtain	zvonek	příjezdová	vchod
záclona		cesta	
	door jamb		escalator
curtain	dveřní	dryer	jezdící schody
záclona	zárubeň	sušička	
			family room
curtain rod	doorknob	duct	rodinný pokoj
závěsová tyč	klika	potrubí	
			fan
curtains	doorway	dustpan	fanoušek
Závěsy	vchod	lopatka	
			faucet

kohoutek

furniture
nábytek

fence
plot

fenced yard
oplocený dvůr

fireplace
krb

first floor
první patro

floor
podlaha

foundation
nadace

fountain
fontána

frame
rám

freezer
mrazák

front door
přední dveře

front stoop
přední sklon

furnace
pec

gate
brána

girder
nosník

fuse box
Pojistková
skříň

gable
štít

garage
garáž

garage door
garážová vrata

garage door
opener
otvírač
garážových
vrat

garbage can
odpadkový
koš

garden
zahrada

garden shed
zahradní
přístřešek

garret
podkroví

greenhouse
skleník

ground floor
přízemí

gutters
okapy

hairbrush
kartáč na vlasy

hall
hala

hall
hala

hall closet
hala skříň

hallway
chodba

hamper
brzdit

heater
ohřívač

hinge

závěs

home
Domov

hose
hadice

house
Dům

igloo
iglú

inglenook
inglenook

insulation
izolace

ironing board
žehlící prkno

jalousie
žaluzie

jamb
sloupek

key
klíč

kitchen
kuchyně

ladder
žebřík

English / Czech Phrasebook

	překlad		kout
lamp			picture
svítilna	lipstick	nursery	obrázek
	rtěnka	školka	
lanai			picture frame
lanai	living room	oven	rám obrazu
	obývací pokoj	trouba	
laundry			plug
prádelna	lock	overhang	zástrčka
	zámek	převis	
Laundry			plumbing
detergent	loft	padlock	instalatérské
Prací prášek	podkroví	visací zámek	práce
laundry room	lumber	paint	pool
prádelna	řezivo	malovat	bazén
lavatory	mailbox	painting	porch
záchod	poštovní	malování	veranda
	schránka		
lawnmower		paneling	portico
sekačka na	mantle	obložení	sloupoví
trávu	plášť		
		pantry	quilt
library	mat	spíž	deka
knihovna	rohož		
		parquet	radio
light	mirror	parkety	rádio
světlo	zrcadlo		
		patio	railing
light switch	mop	patio	zábradlí
vypínač	MOP		
		perfume	rake
linen closet	newel	parfém	hrábě
ložní prádlo	newel		
		picture	range
lintel	nook	obrázek	rozsah

razor
Břitva

recreation room
rekreační
místnost

refridgerator
lednička

roof
střecha

room
pokoj, místnost

rug
koberec

sash
křídlo

screen door
dveře
obrazovky

shampoo
šampon

shed
bouda

shelf
police

shelves

police

shingle
šindel

shower
sprcha

shrub
keř

shutters
okenice

siding
vlečka

sill
práh

sink
dřez

skylight
světlík

sliding glass
door
posuvné
skleněné dveře

soap
mýdlo

soffit
podhled

staircase
schodiště

stairs
schody

stairway
schodiště

Stepladder
Štafle

steps
kroky

stool
stolice

stoop
sehnout

storage shed
skladovací
hala

storm door
bouřkové
dveře

story
příběh

stove
sporák

study
studie

swimming pool
plavecký bazén

switch
přepínač

table
stůl

tablecloth
ubrus

television
televize

terrace
balkón

threshhold
mlátit

throw rug
hodit koberec

tile
dlaždice

toilet
toaleta

toilet paper
toaletní papír

toothbrush
zubní kartáček

toothpaste
zubní pasta

towel
ručník

trash can
odpadkový koš

trellis
mřížoví

trim
výbava

tub
vana

upstairs
nahoru po schodech

vacuum cleaner
vysavač

vase
váza

Venetian blinds
žaluzie

vent
ventilace

villa
vila

wainscotting
wainscotting

walkway
chodník

wall
stěna

wall unit
nástěnná jednotka

wallpaper
tapeta na zeď

wall-to-wall carpet
koberec ze zdi na zeď

wardrobe
skříň

wardrobe
skříň

washbasin
umývadlo

washer
podložka

washing machine
pračka

waste basket
odpadkový koš

water heater
ohřívač vody

weather stripping
odizolování počasí

welcome mat
uvítací rohož

window
okno

window pane
okenní podokno

window sill
parapet

wood stove
kamna na dřevo

workshop
dílna

yard
yard

Nature Phrases

Do you see the tower there?
Vidíš tam věž?

Do you see the mountain there?
Vidíš tam horu?

Do you see the village there?
Vidíš tam vesnici?

Do you see the river there?
Vidíš tam řeku?

Do you see the bridge there?
Vidíš tam most?

Do you see the lake there?
Vidíš tam jezero?

I like that bird.
Líbí se mi ten pták.

I like that tree.
Líbí se mi ten strom.

I like this stone.
Líbí se mi tento kámen.

I like that park.
Líbí se mi ten park.

I like that garden.
Líbí se mi ta zahrada.

I like this flower.

Líbí se mi tato květina.

I find that pretty.
Připadá mi to hezké.

I find that interesting.
Připadá mi to zajímavé.

I find that gorgeous.
Připadá mi to nádherné.

I find that ugly.
Považuji to za ošklivé.

I find that boring.
Připadá mi to nudné.

I find that terrible.
Považuji to za hrozné.

My surfboard has snapped on
the rocks.
Moje prkno prasklo na skalách.

Can you repair my surfboard?
Můžete mi opravit surfovací
prkno?

How much to repair my
surfboard?
Kolik opravovat surfovací
prkno?

Be careful - the coral is sharp.

Buďte opatrní - korál je ostrý.

This/that is my wave.
To je moje vlna.

I like big waves.
Mám rád velké vlny.

I don't like small waves.

Nemám rád malé vlny.

Good waves
Dobré vlny

Rolling water (i.e. broken waves)
Válcovitá voda (tj. Přerušené vlny)

Nature Vocabulary

abundant
hojný

amber
jantar

animism
animismus

aquatic
vodní

arctic
arktický

ash
popel

autumn
podzim

awareness
povědomí

awesome
úžasný

barren
pustý

be careful
buď opatrný

beach
jíl

pláž

beauty
krása

bees
včely

big waves
velké vlny

boulder
balvan

bountiful
bohatý

bridge
most

brilliant
brilantní

brook
potok

buoyancy
vztlak

buzz
bzučet

clay
jíl

clay
jíl

cliff
útes

climate
podnebí

cloud
mrak

coal
uhlí

coal mine
uhelný důl

coastal
pobřežní

color
barva

combustible
hořlavý

commercial
komerční

commune
komuna

conflagration
požár

conifer
jehličnatý strom

conservation
zachování

conspicuous
nápadný

contiguous
sousedící

copper
měď

coral
korál

cosmography
kosmografie

countryside
venkov

crater
kráter

crucial
rozhodující

current

proud

dam
přehrada

deep
hluboký

deft
obratný

demise
zaniknout

deplorable
žalostný

desert
poušť

desert
poušť

destructive
destruktivní

diamond
diamant

disposable
jednorázový

dust
prach

dynamic
dynamický

earth
Země

earthquake
zemětřesení

earthy
zemitý

eclipse
zatmění

ecological
ekologický

efficient
účinný

electrifying
elektrizující

emerald
smaragd

endangered
ohroženo

endemic
endemický

enigmatic
tajemný

environment
životní
prostředí

erosion
eroze

escarpment
sráz

exclusive
výhradní

fall
podzim

fallow
ležící ladem

farming
zemědělství

fertile
plodný

fibrous
vláknitý

field
pole

fierce
divoký

fire
oheň

firefighter
hasič

flood
zaplavit

flower
květ

foam
pěna

fog
mlha

foliage
listy

forest
les

full tide
plný příliv

glacier
ledovec

gold
zlato

gold mine
Zlatý důl

gorgeous
nádherný

grass
tráva

grassland

louky a
pastviny

gravity
gravitace

ground
přízemní

growth
růst

gusty
nárazový

hail
kroupy

healthy
zdravý

hibernate
přezimovat

hill
kopec

horizon
horizont

hurricane
hurikán

hygienic
hygienický

iceberg

ledovec

imitation
imitace

indigenous
domorodý

innate
vrozený

intense
intenzivní

intimate
intimní

iron
žehlička

island
ostrov

jungle
džungle

juniper
jalovec

keen
horlivý

lake
jezero

land
přistát

land form
forma země

lead
Vést

leaf
list

leaves
listy

levee
levee

look
dívej se

low tide
odliv

magical
magický

magnificence
velkolepost

magnificent
velkolepý

marine
námořní

meadow
louka

metal
kov

migratory
stěhovavý

mimesis
mimesis

moon
měsíc

mountain
hora

mountains
hory

mountains
hory

mud
bláto

mushroom
houba

nascent
rodící se

native
rodák

natural
přírodní

nature

Příroda

	pebble	quiet
neglected	oblázek	klid
zanedbaný		
	pinnacle	radioactive
nurture	vrchol	radioaktivní
živit		
	plain	rain forest
ocean	prostý	deštný prales
oceán		
	pollutant	range
oil, (petroleum)	znečišťující	rozsah
olej, (ropný)	látka	
		renewable
organism	pond	obnovitelný
organismus	rybník	
		repair
original	popular	opravit
originál	populární	
		representation
pantheism	prairie	reprezentace
panteismus	prérie	
		reproductive
parasitic	precious stone	reprodukční
parazitární	drahokam	
		reserve
park	preservation	rezervovat
park	zachování	
		resilient
passionate	pristine	pružný
vášnivý	nedotčený	
		resources
peaceful	productive	zdroje
klidný	výrobní	
		restorative
peaks	protection	výplňový
vrcholy	ochrana	

ridge
hřbet

river
řeka

river
řeka

rock
Skála

root
vykořenit

rose
růže

rotting
hnijící

ruby
rubín

safe
bezpečný

sanctuary
útočiště

sand
písek

sapphire
safír

sea

moře

sea
moře

season
sezóna

sediment
usazenina

serene
klidný

serenity
klid

shallow
mělký

shelter
přístřeší

shore
pobřeží

silver
stříbrný

small waves
malé vlny

smells
voní

smoke
kouř

snapped
zlomit

snow
sníh

soil
půda

solar
sluneční

soluble
rozpustný

sounds
zvuky

spatial
prostorový

splendid
nádherný

spring
jaro

staunch
věrný

steam, vapor
pára, pára

steel
ocel

stone, rock
kámen, skála

stream
proud

stunning
ohromující

sunflower
slunečnice

surfboard
surf

surfing
surfování

taint
poskvrnit

temperate
mírný

terrain
terén

tin
cín

toxic
toxický

tree
strom

tropical

tropický

tube
trubka

typical
typický

ultimate
Ultimátni

undeveloped
nevyvinutý

unique
unikátní

uplifting
povznášející

uproot
vykořenit

valley
údolí

value
hodnota

variety
odrůda

versatile
univerzální

vigilant
bdělý

virgin forest	prales	weather	počasí	biodegradable biologicky	rozložitelný	massif	masiv
visible	viditelné	wildlife	volně žijících živočichů	butte	butte	meteor	meteor
volcano	sopka	winter	zimní	butterfly	motýl	planet	planeta
volcano	sopka	wood	dřevo	celestial	nebeský	predator	dravec
vulnerable	zranitelný	worldwide	celosvětově	cordillera	Cordillera	sane	rozumný
warmth	teplo	yielding	poddajný	esker	esker	scenic	scénický
watch out	Dávej si pozor	zealous	horlivý	evergreen	evergreen	tarn	zatraceně
water well	studna	zero-tolerant	tolerantní k nule	gas	plyn	tsunami	tsunami
waterfall	vodopád	array	pole	habitat	místo výskytu	vista	průhled
wave	mávat			logging	protokolování	xeriscape	xeriscape

Directions Phrases

It is best if you take the subway.
Nejlepší je, když pojedete metrem.

Take a left at the corner.
Vezměte doleva na rohu.

Then turn into the first street on your right.
Pak odbočte do první ulice na pravé straně.

Turn left.
Odbočit vlevo.

Turn right.
Odbočit vpravo.

Stop here, please.
Zastavte, prosím.

Then drive straight through the next intersection.
Poté projeďte rovně další křižovatkou.

Then go right for a hundred meters.
Pak jděte vpravo na sto metrů.

Then go straight for a while.
Pak jděte rovně na chvíli.

Simply get out at the last stop.
Jednoduše vystoupíte na poslední zastávce.

Excuse me!
Promiňte!

Excuse me, how do I get to the airport?
Promiňte, jak se dostanu na letiště?

Excuse me, where is…?
Promiňte, kde je …?

Drive until you reach the third traffic light.
Jeďte až do třetího semaforu.

Take me to this address, please.
Vezměte mě prosím na tuto adresu.

Go through the tunnel!
Projděte tunel!

Go back.
Vraťte se.

Go straight ahead.
Jděte rovně.

Go that way.
Tak jděte.

Does this bus go to Descartes Street?
Jde tento autobus do Descartes Street?

Is there a good restaurant around here?
Je tady dobrá restaurace?

Is it nearby?
Je to poblíž?

Is it far?
Je to daleko?

Can I have a map of the city, please?
Mohu mít mapu města, prosím?

Can I have a subway map, please?
Mohu mít mapu metra, prosím?

Can you help me?
Můžeš mi pomoci?

You can also take the bus.
Můžete také vzít autobus.

You can also take the shuttle.
Můžete také vzít raketoplán.

You can also follow me with your car.
Můžete mě také následovat svým autem.

Cross the bridge!
Přejít most!

What is the fare?
Co je to jízdné?

How do I get to the football stadium?
Jak se dostanu na fotbalový stadion?

Where is the exit?
Kde je východ?

Where is the bus?
Kde je autobus?

Where is the subway?
Kde je metro?

Where are the taxis?
Kde jsou taxíky?

At the end of the road
Na konci cesty

back up
záloha

Could you show it on the map?
Mohl byste to ukázat na mapě?

Go straight on (until you come to …).
Jděte rovně (dokud nepřijdete do…).

How do I get to ...?
Jak se dostanu do ...?

How do I get to the hospital?
Jak se dostanu do nemocnice?

How do I get to Madrid?
Jak se dostanu do Madridu?

How do I get to your house?
Jak se dostanu do vašeho domu?

How far is it to the town?
Jak daleko je město?

How far is the ...?
Jak daleko je ...?

Is the ... far?
Je ... daleko?

It's a bit far.
Je to trochu daleko.

It's five kilometers from here.
Je odtud pět kilometrů.

It's on the left / right.
Je to vlevo / vpravo.

It's very near.
Je to velmi blízko.

left
vlevo, odjet

Look straight ahead.

Podívej se přímo dopředu.

Move forward.
Pohyb vpřed.

On the corner
Na rohu

At the crossroads
Na křižovatkách

On the side of the road (although literally means in front of the road)
Na straně silnice (ačkoli doslova znamená před cestou)

Please show me the way to town.
Ukažte mi cestu do města.

Put it in neutral.
Dejte to do neutrální polohy.

right [direction]
správný směr]

Slow down.
Zpomal.

Speed up.
Zrychlit.

stop light
brzdové světlo

stop sign
stopka

Otočte se sem.

Stop.
Stop.

Turn left / right (into … street).
Odbočte doleva / doprava (do…
straight ahead
ulice).
přímo vpřed

We are here.
Straight on.
Jsme zde.
Přímo na.

What is the name of this road?
Take ...
Jak se jmenuje tato silnice?
Vzít ...

What is the name of this village?
Take the first / second road on
Jak se jmenuje tato vesnice?
the left / right
Jeďte první / druhou silnicí
What's the best way to …?
vlevo / vpravo
Jaký je nejlepší způsob, jak…?

The second street to the right.
Where are we?
Druhá ulice vpravo.
Kde jsme?

to the left
Where can I find a ...?
doleva
Kde najdu ...?

to the right
Where do I get off (for the ...)?
doprava
Kde vystoupím (pro ...)?

turn [in the road]
Where does ... leave from?
odbočit [na silnici]
Odkud ... odchází?

Turn around here.
Where does this road go?
Otočte se sem.
Kam vede tahle silnice?

Turn back. / Go back.
Where does this road lead?
Otočit se. / Vraťte se.
Kam tato cesta vede?

Turn here.
Where is the ...?

122

Kde je ...?

Where is the airport?
Kde je letiště?

Where is the bus station?
Kde je autobusová zastávka?

Which bus goes to the town?
Který autobus jede do města?

Which bus shall I take?
Který autobus si vezmu?

Which direction is east?
Kterým směrem je východ?

Which direction is north?
Kterým směrem je sever?

Which direction is south?
Kterým směrem je jih?

Which direction is this?
Kterým směrem to je?

Which direction is west?
Kterým směrem je západ?

Directions Vocabulary

around the corner za rohem	exit výstup	on the corner na rohu	straight on přímo na
across from, opposite naproti, naproti	go down klesat	on the left nalevo	the first right první právo
alley alej	go straight jít rovně	on the right napravo	the second left druhá vlevo
at the end (of) na konci)	go up jít nahoru	on/at the corner na / v rohu	traffic light Semafor
behind za	1st floor 1. patro	one street over o jednu ulici dál	traffic lights semafory
between mezi	in front of před	one way street jednosměrka	turn left odbočit vlevo
crossroads, junction křižovatka, křižovatka	intersection průsečík	opposite naproti	turn right odbočit vpravo
dead end slepá ulička	kilometers kilometrů	roundabout kruhový objezd	two blocks dva bloky
direction směr	near u	signpost rozcestník	west Západ
east východní	next to vedle	south jižní	where kde
	north severní		which direction kterým směrem

Bathroom Phrases

Can / Could you tell me where the bathroom is please?
Můžete / můžete mi říct, kde je koupelna?

Dry yourself off with a towel.
Osušte se ručníkem.

George flossed his teeth every night.
George nitoval zuby každou noc.

Hang the towel on the towel rack.
Zavěste ručník na stojan na ručníky.

He lathered himself, then rinsed off the soap.
Pěnil se a poté opláchl mýdlo.

He scrubbed his face with a washcloth.
Umyl si obličej žínkou.

He shampooed his hair.
Šamponoval si vlasy.

He shaved before work.
Před prací se oholil.

Here are some more useful phrases.
Zde je několik užitečných frází.

How do you turn on the light?
Jak rozsvítíte světlo?

I blow-dried my hair before my date.
Před mým randem jsem si vysušil vlasy.

I have to (need to) shave.
Musím se (holit) oholit.

I have to brush my teeth (floss my teeth).
Musím si vyčistit zuby.

I need to take a shower (bath).
Musím se osprchovat (vana).

I need to trim my hair (my beard).
Musím zastřihnout vlasy (vousy).

I need to wash my hands.
Musím si umýt ruce.

I should set (brush) (spray) (comb) my hair.
Měl bych si vlasy (štetcem) (stříkat) (hřebenem) nastavit.

I should shave.
Měl bych se oholit.

I should wash my hair.
Měl bych si umýt vlasy.

I showered before fixing my
hair.
Osprchoval jsem se, než si
upevnil vlasy.

I took a shower after playing
tennis.
Po tenisu jsem se osprchoval.

I took a shower before going out.
Než jsem šel ven, osprchoval
jsem se.

I'm going to blow-dry my hair.
Vyfouknu si vlasy.

I'm going to brush my teeth.
Jdu si vyčistit zuby.

I'm going to fix my make-up (fix
my hair).
Opravím make-up (zafixuji si
vlasy).

I'm going to floss my teeth.
Budu si nitovat zuby.

I'm going to take a bath (shower).
Jdu se vykoupat (sprcha).

Judy rinsed her mouth with
mouth wash.
Judy vypláchla ústa ústní vodou.

May I use your bathroom?
Mohu použít Vaši toaletu?

Mike pulled the plug in the sink
so the water would drain out.
Mike vytáhl zátku do dřezu, aby
voda vytékala ven.

Put the plug in the drain and fill
the tub.
Vložte zátku do odtoku a naplňte
vanu.

Sally bathes before bed.
Sally se koupe před spaním.

Sally takes a bath before bed.
Sally se koupe před spaním.

Sam soaked in the tub.
Sam vsákl do vany.

She bathed last night, also.
Včera se koupala také.

She curled and set her hair.
Stočila se a zasadila si vlasy.

She lathered her face with a
beauty bar.
Pěnila si obličej kosmetickým
barem.

She shaves her legs every other
day.
Oholí si nohy každý druhý den.

She took a bath last night, also.
Včera se také vykoupala.

She washed behind their ears.
Umyla se za jejich uši.

She washed their feet.
Umyla si nohy.

The bathroom has not been
cleaned.
Koupelna nebyla vyčištěna.

The bathroom is dirty.
Koupelna je špinavá.

The children played and
splashed in the tub.
Děti si hrály a stříkaly do vany.

The sink / shower / tub won't
drain.
Umyvadlo / sprcha / vana se
nevypustí.

The toilet will not flush.
Záchod nebude spláchnout.

There are no towels.
Neexistují žádné ručníky.

There is a problem with the ….
Je problém s….

There is no hot water.
Neteče mi teplá voda.

There is no toilet paper.
Neexistuje žádný toaletní papír.

They brushed their teeth
carefully.
Opatrně si čistili zuby.

Towel yourself off.
Osušte se.

Use the hair drier (blower) to dry
your hair.
K vysušení vlasů použijte
vysoušeč vlasů.

Where is the bathroom?
Kde je koupelna?

Where is the light switch?
Kde je spínač světla?

You should dry off after a
shower.
Měli byste se osprchovat po
sprše.

Bathroom Vocabulary

antiseptic
antiseptický

aspirin
aspirin

atomizer
rozprašovač

bandages
obvazy

basin
Umyvadlo

bath
koupel

bath mat
koupelová
rohož

bath robe
župan

bath towel
osuška

bathroom
koupelna

bathtub
vana

bidet
bidet

brush
štětec

bubble bath
bublinková
koupel

bubbles
bubliny

cleaning
čištění

cologne
Kolín nad
Rýnem

comb
Hřeben

conditioner
kondicionér

cotton balls
bavlněné
kuličky

curlers
natáčky

curling iron

Kulma

dental floss
dentální nit

disinfectant
dezinfekční
prostředek

droppers
kapátka

dry
schnout

eau de cologne
Kolínská voda

emery board
pilníček na
nehty

eyedropper
kapátko

face cloth
žínka

faucet
kohoutek

floss
nit

flush
spláchnout

garbage can
odpadkový koš

hair dryer
fén

hairbrush
kartáč na vlasy

hamper
dárkový koš

hand towel
ručník

laundry
hamper
prádelník

lavatory
záchod

loofah
mycí houba

lotion
krém

make-up
makeup

medications	perfume	shave	tampony
léky	parfém	holit	
			talcum power
medicine	plumbing	shaver	síla talku
lék	instalatérské	holicí strojek	
	práce		tissues
medicine		shaving cream	papírové
cabinet	plunger	pěna na holení	kapesníky
lékárnička	píst		
		shower	toilet
mirror	powder	sprcha	toaleta
zrcadlo	prášek		
		shower curtain	toilet paper
moisturizer	Q-tips	sprchový	toaletní papír
zvlhčovač	Q-tipy	závěs	
			toilet seat
mouthwash	razor	shower stall	záchodové
ústní voda	Břitva	sprchový kout	prkénko
nail clippers	razor blade	sink	toothbrush
nůžky na nehty	žiletka	dřez	Kartáček na
			zuby
nail file	restroom	soap	
pilník na nehty	toaleta	mýdlo	toothpaste
			zubní pasta
nail polish	rug	soap dish	
lak na nehty	koberec	mýdlová	towel
		miska	ručník
nail scissors	scale		
nůžky na nehty	měřítko	soap dispenser	towel rack
		dávkovač	věšák na
ointment	scissors	mýdla	ručníky
mast	nůžky		
		sponge	trash can
paper towel	shampoo	houba na mytí	odpadkový koš
papírový ručník	šampon		
		swabs	tub

vana

tweezers
pinzeta

urinal
pisoár

wash
umýt

wash basin
umyvadlo

washroom
umývárna

waste basket
odpadkový koš

water
voda

water closet
toaleta

whirlpool
vířivá vana

wipes
ubrousky

Phrases

Time

Can you write down the time please?
Můžete napsat čas, prosím?

How many days will it take?
Kolik dní to bude trvat?

How many hours will it take?
Kolik hodin to bude trvat?

I am leaving in one week.
Odcházím za týden.

I am leaving this week.
Odcházím tento týden.

I am leaving today.
Dnes odcházím.

I am leaving tomorrow.
Zítra odcházím.

I'll come back tomorrow.
Vrátím se zítra.

I'm here for one day only.
Jsem tu jen na jeden den.

I'm here for one week.
Jsem tu na týden.

I've been living here for a month.
Bydlím tu měsíc.

What day is today?

Co je dnes za den?

What time is it?
Kolik je hodin?

What time should we meet?
Kdy bychom se měli potkat?

day before yesterday
předevčírem

Happy new year!
Štastný nový rok!

Happy birthday!
Všechno nejlepší k narozeninám!

Merry Christmas!
Veselé Vánoce!

The early part of the month (lit. young month)
Počáteční část měsíce (svítí mladý měsíc)

The old part of the month (lit. old month)
Stará část měsíce (svítí starý měsíc)

The start of the month
Začátek měsíce

The end of the month
Konec měsíce

The middle of the month
Uprostřed měsíce

Honey moon
Svatební cesta

Year
Rok

New year
Nový rok

Birthday
Narozeniny

Happy Birthday
Všechno nejlepší k narozeninám

Happy "big day" - note, any
important day can be "hari raya"
Šťastný "velký den" - na vědomí,
jakýkoli důležitý den může být
"hari raya"

Happy Christmas
Veselé Vánoce

hours
hodin

It is 3:00
Je 3:00

What time does the
...open/close?
Kolik času se ... otevírá / zavírá?

What time is it?
Kolik je hodin?

What day is it?
Co je za den?

Today is Monday.
Dnes je pondělí.

Today
Dnes

Later on
Později

At noon
V poledne

After sunset
Po západu slunce

Ago
Před

A while ago
Před chvílí

Two weeks ago
Před dvěma týdny

A long time ago
Před dávnými časy

Not so long ago
Ne tak dávno

Next month
Příští měsíc

Next year
Příští rok

Soon
Již brzy

Yesterday
Včera

The day before yesterday
Předevčírem

At that moment

V té chvíli

Last year
Minulý rok

The year before last
Rok před posledním

Tomorrow
Zítra

The day after tomorrow
Pozítří

Two days from now
Za dva dny

Time Vocabulary

A long time ago
Před dávnými
časy

A while ago
Před chvílí

after
po

After sunset
Po západu
slunce

afternoon
odpoledne

Ago
Před

always
vždy

At noon
V poledne

At that moment
V té chvíli

before
před

calendar
kalendář

century
století

clock
hodiny

day
den

evening
večer

future
budoucnost

holiday
Dovolená

hours
hodin

last night
minulou noc

Last year
Minulý rok

Later on
Později

midday
polední

midnight
půlnoc

Minute
Minuta

month
Měsíc

morning
ráno

never
nikdy

Next month
Příští měsíc

Next year
Příští rok

night
noc

noon
poledne

now
Nyní

often
často

One minute

Jedna minuta

One o'clock
Jedna hodina

past
minulost

present
současnost,
dárek

rarely
zřídka

seasons
roční období

second
druhý

sometimes
někdy

Soon
Již brzy

Today
Dnes

Tomorrow
Zítra

two o'clock

dvě hodiny

vacation
dovolená

wall clock
nástěnné
hodiny

watch
hodinky

week
týden

wristwatch
náramkové
hodinky

year
rok

Yesterday
Včera

Phrases

Family

We are a family.
Jsme rodina.

The family is not small.
Rodina není malá.

The family is big.
Rodina je velká.

My mother is very talkative. She talks on the phone all day.
Moje matka je velmi poučná.
Celý den mluví po telefonu.

My brother is so smart. He can speak 4 different languages.
Můj bratr je tak chytrý. Umí mluvit 4 různými jazyky.

My sister is very industrious. She works 3 different jobs.
Moje sestra je velmi pracovitá.
Pracuje ve 3 různých pozicích.

Sometimes my son is mean to my daughter. He hits her and takes her toys.
Někdy je můj syn pro moji dceru zlý. Zasáhne ji a vezme si hračky.

My grandmother is a wise woman. She likes to listen but she doesn't talk a lot.
Moje babička je moudrá žena.
Ráda poslouchá, ale moc nemluví.

My aunt is very funny. Everyone in our family laughs at her stories.
Moje teta je velmi zábavná.
Všichni v naší rodině se smějí její příběhy.

My father and mother are very friendly. They have so many friends!
Můj otec a matka jsou velmi přátelští. Mají tolik přátel!

My uncle is an unhappy man. He doesn't smile very much.
Můj strýc je nešťastný muž.
Nemá velký úsmev.

My name is Jennifer.
Jmenuji se Jennifer.

I am 27 years old.
Je mi 27 let.

I am English.
Jsem Angličan.

I live in London.
Žiju v Londýně.

I have two sisters.
Já mám dvě sestry.

I do not have a brother.
Nemám bratra.

She is older than me.
Je starší než já.

Her name is Rebecca.
Jmenuje se Rebecca.

She is 31 years old.
Je jí 31 let.

I would like to be a doctor.
Chtěl bych být doktorem.

My birthday is January 8th.
Moje narozeniny jsou 8. ledna.

I was born in 1969.
Narodil jsem se v roce 1969.

My father is a policeman.
Můj otec je policista.

My mother died last year.
Moje matka zemřela minulý rok.

Family Vocabulary

aunt			sister
teta	father	mom	sestra
	otec	maminka	
baby			son
dítě	friend	mother	syn
	přítel	matka	
boy			spouse
chlapec	friend (female)	neighbor	manželka
	přítel (žena)	soused	
boyfriend			twins
přítel	girl	neighbor	dvojčata
	dívka	(female)	
brother		soused (žena)	uncle
bratr	grandfather		strýc
	dědeček	nephew	
child		synovec	wife
dítě	grandmother		manželka
	babička	new-born	
children		novorozený	woman
děti	husband		žena
	manžel	niece	
cousin		neteř	neice
bratranec	husband		neice
	(formal)	parents	
cousin (female)	manžel	rodiče	relative
sestřenice)	(formální)		relativní
		people	
dad	little girl	lidé	grandparents
Táto	malá holka		prarodiče
		person	
daughter	man	osoba	
dcera	muž		

Emergency Phrases

Are you in pain?
Bolí tě něco?

Are you injured?
Jsi zraněný?

Are you pregnant?
Jste těhotná?

Bandage
Obvaz

Be quiet.
Být zticha.

Big/ Small
Velký malý

Boil the water.
Vařit vodu.

Bring me.
Přines mi.

Burn this ___.
Vypálit to ___.

Call an ambulance!
Zavolejte sanitku!

Call the police!
Zavolat policii!

Calm down.

Zklidni se.

Can I have your name and
address, please.
Mohu mít vaše jméno a adresu,
prosím.

Can you feed yourself?
Můžeš se krmit?

Can you help me.
Můžeš mi pomoci.

Can You Say It Again?
Můžeš to říct znovu?

Can you sit?
Můžete sedět?

Can You Speak Slowly?
Můžeš mluvit pomaleji?

Can you stand?
Můžeš stát?

Can you walk?
Můžeš chodit?

Come here.
Pojď sem.

Come with me.
Pojď se mnou.

Did you feel this ?
Cítili jste to?

Distress signal
Signál tísně

Do not move.
Nehýbejte se.

Do not remove.
Neodstraňovat.

Do not resist.
Neodolávejte.

Do not touch.
Nedotýkejte.

Do you have your driving
license?
Máte řidičský průkaz?

Do you have your insurance
certificates?
Máte osvědčení o pojištění?

Do you like it?
Líbí se ti to?

Don't go this way !
Nechoďte tak!

Don't be frightened.
Neboj se.

Don't push! We have plenty of
food.

Netlačte! Máme spoustu jídla.

Don't shoot.
Nestřílejte.

Don't worry!
Nebojte se!

Emergency!
Nouzový!

Evacuate the area!
Evakuujte oblast!

Evacuate the building, please.
Evakuujte budovu, prosím.

Excuse me
Promiňte

Fire!
Oheň!

Follow me.
Následuj mě.

Follow our orders.
Postupujte podle našich
objednávek.

Form a line.
Vytvořte řádek.

Get up.
Vstávej.

Give me a break !/Leave me

alone !
Dej mi pauzu! / Nech mě být!

Give me this!
Dej mi to!

Give me your bowl.
Dejte mi svou misku.

Give me.
Dej mi.

Go away!
Odejít!

Go home.
Jdi domů.

Good/ Bad/ So-So.
Dobře / špatne / tak dobře.

Hands up.
Ruce vzhůru.

He broke the window.
Prolomil okno.

Help!
Pomoc!

Here you go! (when giving something)
Tady to máte! (když něco dáváte)

How are you feeling?
Jak se cítíš?

How did the accident happen?
Jak se ta nehoda stala?

How valuable is it?
Jak cenné to je?

Hurry up!
Pospěš si!

I am a doctor.
Jsem doktor.

I am going to help
Pomůžu

I am not a doctor.
Nejsem doktor.

I am sorry
To mi je líto

I crashed into the truck.
Narazil jsem do kamionu.

I didn't do it on purpose.
Nedělal jsem to úmyslne.

I Don't Know!
Nevím!

I Don't Understand!
Nechápu!

I feel dizzy.
Je mi špatne.

I feel sick.

Cítím se špatne.

I have health insurance.
Mám zdravotní pojištění.

I Have No Idea.
Nemám ponětí.

I need a doctor!
Potřebuji lékaře!

I think I put my wallet on the counter.
Myslím, že jsem položil peněženku na pult.

I want to report a missing person.
Chci nahlásit pohřešovanou osobu.

I will take you to the hospital.
Vezmu tě do nemocnice.

I witnessed it happening.
Byl jsem svědkem toho, že se to děje.

I've just been robbed.
Právě jsem byl okraden.

I'm hungry/ thirsty.
Mám hlad / žízeň.

I'm sick.
Je mi špatne.

Is the food spoiled?
Je jídlo rozmazlené?

Is there a police station near here?
Je tady policejní stanice?

It hurts !/It's painful !
Bolí to! / Je to bolestivé!

It hurts here!
Bolí to tady!

It wasn't his right of way.
Nebylo to jeho právo na cestu.

It wasn't my fault.
Nebyla to moje chyba.

It's an infectious disease.
Je to infekční nemoc.

It's cold.
Je zima.

It's dangerous.
Je to nebezpečné.

It's he who attacked me.
On mě napadl.

It's hot.
Je horko.

It's not me !
To nejsem já !

It's an emergency!
Je to nouzové!

It's poisonous food.
Je to jedovaté jídlo.

I've been robbed!
Byl jsem okraden!

I've lost my passport.
Ztratil jsem pas.

I've run out of my medication.
Došel mi lék.

I've run out of gas.
Došel mi benzín.

Keep away.
Drž se dál.

Let us pass.
Pojďme projít.

Lie down.
Lehnout.

Lie on your stomach.
Lehněte si na břicho.

Lower your hands.
Sklopte ruce.

Move slowly.
Pohybuj se pomalu.

My bag was stolen!

Moje taška byla ukradena!

My friend is sick.
Můj přítel je nemocný.

My passport was stolen!
Můj pas byl ukraden!

My wallet was stolen!
Moje peněženka byla ukradená!

My watch has been stolen.
Moje hodinky byly ukradeny.

No Problem!
Žádný problém!

No talking.
Nemluv.

One at a time.
Jeden po druhém.

Open your mouth.
Otevřete ústa.

Please help me!
Prosím pomozte mi!

Police!
Policie!

Put your weapon down.
Polož svou zbraň dolů.

Slow down.
Zpomal.

Stay here.
Zůstaň tu.

Stay where you are.
Zůstaň kde jsi.

Stop or I will shoot.
Zastavte nebo budu střílet.

Stop that !
Přestaň !

Take care !
Opatruj se !

Take me to ___.
Vezmi mě k ___.

Telephone the fire service.
Telefonujte hasičům.

The accident happened at the
crossroads.
Nehoda se stala na křižovatce.

The latrine is straight ahead.
Latrína je přímo před námi.

The latrine is to the ___.
Latrína je na ___.

The latrine is to the left.
Latrína je nalevo.

The latrine is to the right.
Latrína je napravo.

The storms caused flooding.
Bouře způsobily záplavy.

The strong winds blew the tree
down.
Silný vítr foukal strom dolů.

The water is drinkable.
Voda je pitná.

There has been a accident.
Došlo k nehodě.

There is a bomb alert.
Je tu bomba varovná.

There was a big explosion.
Došlo k velké explozi.

There was a camera inside.
Uvnitř byla kamera.

There's been an accident
Došlo k nehodě

Thief!
Zloděj!

This is not my fault.
To není moje chyba.

Turn around.
Otočit se.

Wait here.
Počkej tady.

Walk forward.
Jdi rovně.

Was he going fast?
Šel rychle?

Was it marked with your name?
Bylo označeno vaším jménem?

Wash your hands.
Myjte si ruce.

Wash yourself here.
Umyjte se zde.

We must call the police.
Musíme zavolat policii.

We must phone for an
ambulance.
Musíme zavolat sanitku.

We must search you.
Musíme vás prohledat.

We must spend the night here.
Zde musíme strávit noc.

We need ___ gallons of potable
water.
Potřebujeme ___ galonů pitné
vody.

We need ___ liters of potable
water.
Potřebujeme ___ litrů pitné vody.

We need a doctor!
Potřebujeme lékaře!

We want to go to ___.
Chceme jít na ___.

Were there any witnesses?
Byli tam svědci?

What Does "gato" Mean In
English?
Co znamená „gato" v angličtině?

What Is This?
Co je to?

What is wrong?
Co je špatne?

What shape is it?
Jaký to má tvar?

What was inside it?
Co bylo uvnitř?

What's it like?
Jaké to je?

What's That Called In French?
Co se to říká ve francouzštině?

When did you lose your camera?
Kdy jste ztratili kameru?

Where did you lose your bag?
Kde jsi ztratil tašku?

Where does it hurt?
Kde to bolí?

Where have you looked for it?
Kde jste to hledali?

Where is the latrine?
Kde je latrína?

Where is the nearest police
station?
Kde je nejbližší policejní stanice?

Write It Down Please!
Napište to prosím!

You are a prisoner.
Jste vězeň.

You are next.
Ty jsi další.

You can leave.
Můžeš odejít.

You must fill in a report form.
Musíte vyplnit formulář hlášení.

You must go to the police station.
Musíte jít na policejní stanici.

You will get a shot.
Dostanete výstřel.

You will have to undergo
surgery.
Budete muset podstoupit
operaci.

Anatomy Phrases

The breakage goes from the ankle to the knee.
Rozbití jde od kotníku ke kolenu.

The shoulder joints, as well as moving on their own, also move in conjunction with arm movements.
Ramenní klouby, stejně jako jejich pohyb, se pohybují také ve spojení s pohyby paží.

Ass is a colloquial term for buttocks.
Ass je hovorový termín pro hýždě.

He trimmed his beard for the wedding.
Ořízl si vousy na svatbu.

A man with a full belly thinks no one is hungry.
Muž s plným břichem si myslí, že nikdo nemá hlad.

The eye socket is the bone receptacle in which the eye fits.
Oční zásuvka je kostní nádoba, do které oko zapadá.

The brain waves during deep sleep are the same as when awake.
Mozkové vlny během hlubokého spánku jsou stejné, jako když jsou vzhůru.

Finely chop the chicken breast meat.
Jemně nakrájejte kuřecí prsa.

She has the prettiest buttocks I've ever seen.
Má nejhezčí zadek, jaký jsem kdy viděl.

His cheeks were bright red.
Jeho tváře byly jasně červené.

Do you think that chest hair is sexy?
Myslíš si, že vlasy na hrudi jsou sexy?

The man kissed her on the cheeks.
Muž ji políbil na tváře.

My ear is itching.
Moje ucho je svědění.

With a little elbow grease we'll have this up and running again in no time.
S trochou loketního maziva to budeme mít v chodu znovu a znovu v žádném okamžiku.

It's like the bone just disintegrated.
Je to, jako by se kost právě rozpadla.

The shoulder moves in conjunction with the arms.
Rameno se pohybuje ve spojení s pažemi.

He went red in the face with rage.
Zlobil se do tváře červeně.

It's still shallow, eh. My feet still touch the bottom.
Je to stále mělké, eh. Moje nohy se stále dotýkají dna.

And this year, in this election, she touched her finger to a screen, and cast her vote.
A letos se v těchto volbách dotkla prstu na obrazovce a odevzdala svůj hlas.

He struck his fist on the table.
Udeřil pěstí do stolu.

I would rather go on foot than stay here waiting for the bus.
Raději bych jít pěšky, než zůstat tady čekat na autobus.

The man must be over sixty, for his hair is gray.
Muž musí být přes šedesát, protože jeho vlasy jsou šedé.

The hand of the magician was quicker than our eyes
Ruka kouzelníka byla rychlejší než naše oči

Having said it, Mayu hangs her head in embarrassment.
Poté, co to řekla, Mayu rozpačitě zavěsí hlavu.

I learned English words by heart all day yesterday.
Celý den jsem se učil anglicky ze srdce.

My black shoes need heel repairs.
Moje černé boty potřebují opravu paty.

The stomach and the large and small intestines form the digestive system.
Žaludek a tlusté a tenké střevo tvoří trávicí systém.

Is she passing kidney stones in her urine?
Prochází ledvinami v moči?

My knee is bleeding.
Moje koleno krvácí.

Recently I get leg cramps when I sleep.

Nedávno mám křeče na nohou, když spím.

I bit the inside of my lip and got a canker sore.
Ukousl jsem si do rtu a dostal jsem bolavou bolest.

Overtaxed heart, kidneys and liver are inevitable results of too much food.
Přetížené srdce, ledviny a játra jsou nevyhnutelnými důsledky příliš velkého množství jídla.

Tom shouted at the top of his lungs so Mary could hear him over the sound of the waterfall.
Tom křičel na plíce, aby ho Mary slyšela přes zvuk vodopádu.

It is better to keep your mouth shut and appear stupid than to open it and remove all doubt.
Je lepší mít ústa zavřená a vypadat hloupě, než ji otevřít a odstranit veškeré pochybnosti.

When the dog tried to bite me, I held him down by the neck and thoroughly scolded him.
Když se mě pes pokusil kousnout, držel jsem ho za krk a

důkladně ho nadával.

Your nose is dripping.
Tvůj nos kape.

Is it true that men have oilier skin than women?
Je pravda, že muži mají mastnější pleť než ženy?

Closer examination revealed that the skull had been crushed by some heavy blow.
Bližší zkoumání odhalilo, že lebka byla rozdrcena nějakou těžkou ranou.

Do you have anything for a stomach ache?
Máte něco na bolesti žaludku?

Doe your throat hurt?
Bolí vás hrdlo?

Which tooth hurts?
Který zub bolí?

My wrist and forearm hurt, I think I might be suffering from carpal tunnel syndrome.
Bolí mě zápěstí a předloktí, myslím, že bych mohl trpět syndromem karpálního tunelu.

Anatomy Vocabulary

ankle
kotník

arm
paže

ass
osel

back
zadní

beard
vousy

belly
břicho

blood
krev

bone
kost

brain
mozek

breast
prsa

buttocks
hýždě

cheeks

tváře

chest
hruď

chin
brada

ear
ucho

elbow
loket

eye
oko

face
tvář

feet
nohy

finger
prst

fist
pěst

foot
noha

forehead
čelo

hair
vlasy

hair
vlasy

hand
ruka

head
hlava

heart
srdce

heel
pata

hips
boky

intestines
střeva

kidney
ledviny

knee
koleno

leg
noha

lip
ret

liver
játra

lungs
plíce

moustache
knír

mouth
pusa

nail
nehet

neck
krk

nose
nos

sex
sex

shoulder
rameno

skeleton
kostra

skin

kůže		toe	zub zuby
	thighs	prst	
skull	stehna		wrist
lebka		tongue	zápěstí
	throat	jazyk	
stomach	hrdlo		
žaludek		tooth / teeth	

Business Phrases

The neighbors see that the mailbox hasn't been emptied.
Sousedé vidí, že schránka nebyla vyprázdněna.

Is it possible to pass the tax accountant exam by self study?
Je možné složit zkoušku daňového účetníka samostudiem?

Tthis is an ad hoc solution - good in practice but theoretically weak.
Toto je ad hoc řešení - v praxi dobré, ale teoreticky slabé.

I switch on my laptop, start up the browser, and type in the password.
Zapnu notebook, spustím prohlížeč a zadám heslo.

There's no need to advertise a good sale.
Není třeba propagovat dobrý prodej.

There is an urgent need for affordable housing.
Naléhavě potřebujeme dostupné bydlení.

Here is the final agenda for the meeting on June 16th.
Zde je konečný program schůze 16. června.

Counseling or arbitration is often the best way to solve disputes .
Poradenství nebo rozhodčí řízení je často nejlepším způsobem řešení sporů.

This is a work that benefits others.
Toto je práce, z níž mají prospěch ostatní.

I moved a chess piece on the board one forward.
Posunul jsem šachovnici na šachovnici o jednu vpřed.

The board of directors held an emergency meeting.
Představenstvo svolalo mimořádné zasedání.

We'll give you as many bonus miles as the normal air miles!
Dáme vám tolik bonusových kilometrů jako normální vzdušné míle!

They have a very involved system of bookkeeping here.
Mají zde velmi zapojený systém

vedení účetnictví.

Paul, we can borrow up to 8 books.
Paule, můžeme si půjčit až 8 knih.

My boss is always finding fault with me.
Můj šéf na mě vždy hledá chybu.

The bottom line is safety.
Závěrem je bezpečnost.

How did you fit a cell phone into your pocket?
Jak jste umístili mobilní telefon do kapsy?

The lecture on the budget was very interesting.
Přednáška o rozpočtu byla velmi zajímavá.

Tom found someone's business card in his pocket, but couldn't remember where he got it.
Tom našel něčí vizitku v kapse, ale nemohl si vzpomenout, kde ji vzal.

We really ought to buy a new car.
Opravdu bychom si měli koupit nové auto.

Let the buyer beware.

Nechte kupujícího na pozoru.

Math has been used to calculate the extended needs for the campaign.
Matematika byla použita k výpočtu rozšířených potřeb pro kampaň.

Beijing is the capital of China.
Peking je hlavním městem Číny.

America's credit-driven capitalist model needs a total rethink.
Americký úvěrově kapitalistický model potřebuje celkovou přehodnocení.

I'm going to see your father today, about career counseling.
Dnes půjdu za tvým otcem ohledně kariérového poradenství.

Khaki shorts with cargo pockets do not make you an adventurer.
Khaki šortky s nákladovými kapsami z vás nedělají dobrodruha.

This is further proof that the chairman of the board is not engaged with the business conditions.
To je další důkaz, že předseda představenstva není zapojen do obchodních podmínek.

The court declared him innocent on the charge of murder.
Soud ho prohlásil za nevinného pro obvinění z vraždy.

Is there a clause in the lease regarding that?
Existuje v tom smlouva o nájmu?

Did it not occur to you to close the windows?
Nenapadlo vás zavřít okna?

We'll use the house as collateral so we can borrow some money.
Dům použijeme jako zástavu, abychom si mohli půjčit nějaké peníze.

I'd like to understand how commerce works.
Rád bych pochopil, jak funguje obchod.

Virtually all commercial peanut butter in the United States comes from Georgia.
Prakticky veškeré komerční arašídové máslo ve Spojených státech pochází z Gruzie.

The commission has promised to take action soon.
Komise slíbila, že brzy přijme opatření.

It's a waste to just have the central banks watching over commodity prices.
Je zbytečné mít centrální banky pod dohledem nad cenami komodit.

The competition is fierce.
Konkurence je tvrdá.

After a heated discussion, a compromise was adopted
Po vášnivé diskusi byl přijat kompromis

I think that Japan's marriage system is an unequal and discriminatory contract disadvantageous to men.
Myslím si, že japonský systém manželství je nerovná a diskriminační smlouva nevýhodná pro muže.

Institutionally, a major restraint is the copyright problem.
Institucionálně je hlavní překážkou problém s autorskými právy.

One of the perks of my promotion is a corner office with a great view of the skyline.
Jednou z výhod mé propagace je rohová kancelář se skvělým výhledem na panorama.

For many people, drug dealers and corporate attorneys are the dregs of society.
Pro mnoho lidí jsou drogoví dealeři a právníci z korporace dnem společnosti.

The multinational corporation lowered the price of several products.
Nadnárodní společnost snížila cenu několika produktů.

There was nothing wrong with their ability, it was just that the cost performance was bad.
Na jejich schopnostech se nestalo nic špatného, jen to, že náklady byly špatné.

Can I use a credit card for payment?
Mohu pro platbu použít kreditní kartu?

The customer is always right..
Zákazník má vždy pravdu ..

Can we extend the deadline by two weeks?
Můžeme lhůtu prodloužit o dva týdny?

There's also a great deal of so called behind-the-scenes work.
Existuje také spousta takzvaných zákulisních prací.

The ATM has swallowed my debit card.
Bankomat spolkl mou debetní kartu.

Why is deflation dangerous for the economy?
Proč je deflace nebezpečná pro ekonomiku?

There's no demand for them as tools, so the product line-up is poor.
Neexistuje po nich poptávka po nástrojích, takže produktová řada je špatná.

He insisted on going to the department store with his mother.
Trval na tom, aby šel s matkou do obchodního domu.

The first thing that hits you is the bright red discount drugstore sign.
První věc, která vás zasáhne, je jasně červený znak slevy v drogerii.

To dismiss the dialog box you need to click the X at the top right of the window.
Chcete-li zavřít dialogové okno, musíte kliknout na X v pravém horním rohu okna.

Dubai is trying to diversify its economy.
Dubaj se snaží diverzifikovat svou ekonomiku.

Cash requirements for financing activities consist primarily of long-term debt repayments, interest payments and dividend payments to shareholders.
Hotovostní požadavky na finanční činnosti spočívají především v dlouhodobých splátkách dluhů, splácení úroků a výplatách dividend akcionářům.

You can download the instruction manual for the heat exchanger here.
Zde si můžete stáhnout návod k použití pro výměník tepla.

It should be noted that the duty continues after a notice of allowance is mailed and the issue fee is paid.
Je třeba poznamenat, že clo pokračuje i po zaslání oznámení o příspěvku a zaplacení poplatku za vydání.

If only I'd sold that property before the economic bubble burst I wouldn't have lost all that money.
Kdybych jen prodal ten majetek před prasknutím ekonomické bubliny, neztratil bych všechny ty peníze.

Italy is having the worst economic crisis in its history.
Itálie má nejhorší hospodářskou krizi ve své historii.

The temporary workers that we managed to employ left work right away.
Dočasní pracovníci, které se nám podařilo zaměstnat, okamžitě odešli z práce.

That company aims to reduce employee numbers by offering a lot of retirement money
Cílem této společnosti je snížit počet zaměstnanců tím, že nabídne spoustu peněz na odchod do důchodu

Tom saw his former employer at a conference.
Tom viděl svého bývalého zaměstnavatele na konferenci.

It is certain that one important criterion for employment is having leadership.
Je jisté, že jedním důležitým kritériem pro zaměstnanost je vedení.

An envelope and a stamp, please.
Obálka a razítko, prosím.

Their equipment is extremely advanced.
Jejich vybavení je extrémně pokročilé.

Who represents the executive management?
Kdo zastupuje výkonné vedení?

We will arrange travel expenses for trips for research purposes, so go to whatever country you want.
Zajistíme cestovní výdaje na cesty pro výzkumné účely, takže jděte do jakékoli země, kam chcete.

The top U.S. export to China was soybeans.
Nejvýznamnějším americkým exportem do Číny byly sójové boby.

Regarding the new facility in Brazil we have not made a decision yet.
Pokud jde o nové zařízení v Brazílii, dosud jsme se nerozhodli.

Great figures don't meet high standards, but rather make their own.
Velké postavy nesplňují vysoké standardy, ale spíše si vytvářejí vlastní.

The telethon is a French TV program organized every year to collect funds in order to finance medical research.
Telethon je francouzský televizní program organizovaný každý rok za účelem sbírání finančních prostředků za účelem financování lékařského výzkumu.

The rise and fall of prices caused a financial crisis.
Růst a pokles cen způsobil finanční krizi.

The fire fighter demonstrated how to put out the fire.
Hasič předvedl, jak hasit oheň.

The foreman docked me an hour's pay for getting to work late.
Předák mi ukradl hodinovou výplatu za pozdější práci.

A trust fund has been set up for each of the children.
Pro každé z dětí byl zřízen svěřenecký fond.

This graph breaks down the different costs involved in

producing the product.
Tento graf rozděluje různé
náklady spojené s výrobou
produktu.

The company president has hired
a headhunter to find a new sales
manager.
Prezident společnosti najal lovce
hlavy, aby našel nového
manažera prodeje.

I haven't visited the
headquarters.
Nenavštívil jsem ústředí.

This beer contains a high
proportion of alcohol.

Toto pivo obsahuje vysoký podíl
alkoholu.

I would like to rent a car.
Chtěl bych si pronajmout auto.

The Chinese automotive import
market shows signs of slight
growth.
Čínský automobilový dovozní
trh vykazuje známky mírného
růstu.

Interest rates and inflation were
high.
Úrokové sazby a inflace byly
vysoké.

Business Vocabulary

mailbox
poštovní
schránka

account
účet

accountant
účetní

accounting
účetnictví

accrual
akruální

ad
inzerát

address
adresa

advertise
inzerovat

affordable
cenově
dostupné

agenda
denní program

agreement
dohoda

arbitration
arbitráž

benefits
výhody

bill of lading
nákladní list

board
deska

board of
directors
správní rada

bond
pouto

bonus
bonus

bookkeeping
vedení
úcetnictví

borrow
pujcit si

boss
šéf

bottom line

spodní řádek

break even
beze ztrát

briefcase
aktovka

budget
rozpočet

business
podnikání

business card
vizitka

buy
Koupit

buyer
kupující

calculate
vypočítat

capital
hlavní město

capitalist
kapitalista

career
kariéra

cargo
náklad

chairman
předseda

chairwoman
předsedkyně

charge
nabít

clause
doložka

client
klient

close
zavřít

cold call
studené volání

collateral
vedlejší

commerce
komerce

commercial
komerční

commission
komise

commodity
zboží

company
společnost

competition
soutěž

compromise
kompromis

consumer
spotřebitel

contract
smlouva

copyright
autorská práva

corner office
rohová kancelář

corporate
firemní

corporation
korporace

cost
náklady

coupon

kupón

credit
kredit

credit card
kreditní karta

cubicle
kóje

currency
měna

customer
zákazník

database
databáze

deadline
Uzávěrka

deal
obchod

debit
debet

deflation
deflace

demand
poptávka

department
oddělení

director
ředitel

discount
sleva

dismiss
propustit

distribution
rozdělení

diversify
diverzifikovat

dividend
dividenda

down
payment
záloha

download
stažení

duties
povinnosti

duty
povinnost

economic
hospodářský

economical
ekonomický

economy of
scale
úspora z
rozsahu

efficiency
účinnost

employ
zaměstnat

employee
zaměstnanec

employer
zaměstnavatel

employment
zaměstnanost

entrepreneur
podnikatel

envelope
obálka

equipment
zařízení

estimate
odhad

executive
výkonný

expenses

výdaje

export
vývozní

facility
zařízení

factory
továrna

fax
fax

fax
fax

figures
čísla

finance
finance

financial
finanční

fire
oheň

foreman
předák

framework
rámec

freight
náklad

fund
fond

goods
zboží

graph
graf

gross
Hrubý

growth
růst

guidebook
průvodce

headhunter
headhunter

headquarters
hlavní sídlo

high
vysoký

hire
pronájem

hours
hodin

import
import

incentive
pobídka

income
příjem

income tax
daň z příjmu

inflation
inflace

insurance
pojištění

interest rate
úroková sazba

intern
internovat

interview
rozhovor

inventory
inventář

invest
investovat

investment
investice

invoice
faktura

job

práce

labor
práce

laborer
dělník

laptop
laptop

lead
Vést

lease
pronájem

leave
zanechat,
opustit

letter
dopis

letterhead
hlavičkový
papír

liability
odpovědnost

loan
půjčka

log-in
přihlásit se

English / Czech Phrasebook

loss	obchodník	notebook	odchozí
ztráta		notebook	
	mobile phone		overdraft
low	mobilní	notice	přečerpání
nízký	telefon	oznámení	
			overhead
lucrative	money	no-win	nad hlavou
lukrativní	peníze	teď v	
			owner
mainframe	monopoly	occupation	majitel
mainframe	monopol	obsazení	
			packing list
manage	motherboard	offer	seznam balení
spravovat	základní deska	nabídka	
			paper
management	mouse pad	office	papír
řízení	podložka pod	kancelář	
	myš		paperweight
manager		offline	těžítko
manažer	negotiate	offline	
	vyjednávat		parcel
market		online	balíček
trh	negotiation	online	
	jednání		partner
marketing		open	partner
marketing	net	otevřeno	
	síť		password
meeting		opportunity	Heslo
Setkání	net worth	příležitost	
	čisté jmění		pay
memo		order	platit
poznámka	network	objednat	
	síť		payment
merchandise		organization	platba
zboží	niche	organizace	
	výklenek		pen
merchant		outgoing	pero

		proxy	retail
pencil	presentation	proxy	maloobchodní
tužka	prezentace		
		purchase order	retailer
perk	president	nákupní	maloobchodník
vyzdobit	prezident	objednávka	
			retire
personnel	price	purchasing	odejít
personál	cena	nákup	
			risk
phone	prime rate	quarter	riziko
telefon	hlavní sazba	čtvrťák	
			salary
phone card	principal	quit	plat
telefonní karta	ředitel školy	přestat	
			sale
phone directory	product	rank	Prodej
telefonní	produkt	hodnost	
seznam			sales tax
	production	receipt	prodejní daň
plan	Výroba	účtenka	
plán			salesman
	profit	recruit	prodavač
policy	zisk	rekrut	
politika			saleswoman
	profitable	recruiter	prodavačka
portfolio	výnosný	náborář	
portfolio			secretary
	promotion	refund	tajemník
position	povýšení	vrácení peněz	
pozice			sell
	proposal	resign	prodat
postcard	návrh	odstoupit	
pohlednice			seller
	prospects	résumé	prodejce
postman	vyhlídky	životopis	
listonoš			service

služba	razítko	temp	
		temp	union
shareholder	statement		unie
akcionář	tvrzení	terms	
		podmínky	unit cost
sheet of paper	stock		jednotková
list papíru	skladem	trade	cena
		obchod	
ship	stockholder		upgrade
loď	akcionář	trade-off	vylepšit
		kompromis	
shipment	strike		upload
náklad	stávka	trainee	nahrát
		praktikant	
shipping	success		username
Lodní doprava	úspěch	transaction	uživatelské
		transakce	jméno
shop	superintendent		
prodejna		treasurer	vacancy
	superintendent	pokladník	volné místo
sick leave			
pracovní		treasury	vacation time
neschopnost	supervisor	pokladnice	čas dovolené
	dozorce		
sign		trend	venture
podepsat	supply	trend	podnik
	zásobování		
signature		typeface	vice-president
podpis	target	písmo	víceprezident
	cílová		
spreadsheet		typewriter	video
tabulka	tariff	psací stroj	conference
	tarif		video
staff		unemployment	konference
personál	tax		
	daň	nezaměstnanost	volume
stamp			hlasitost

164

	wholesale	withdraw	dílna
warranty	velkoobchod	ustoupit	
záruka			workspace
	wholesaler	work	pracovní
wastebasket	velkoobchodní	práce	prostor
koše	k		
		worker	yield
waybill	win-win	pracovník	výtěžek
nákladní list	win-win		
		workroom	

Country Phrases

John is from London.
John je z Londýna.

London is in Great Britain.
Londýn je ve Velké Británii.

He speaks English.
On mluví anglicky.

Maria is from Madrid.
Maria je z Madridu.

Madrid is in Spain.
Madrid je ve Španelsku.

She speaks Spanish.
Mluví španelsky.

Peter and Martha are from
Berlin.
Peter a Martha jsou z Berlína.

Berlin is in Germany.
Berlín je v Německu.

Do both of you speak German?
Mluvíte oba německy?

London is a capital city.
Londýn je hlavní město.

Madrid and Berlin are also
capital cities.
Madrid a Berlín jsou také hlavní
města.

Capital cities are big and noisy.
Hlavní města jsou velká a hlučná.

France is in Europe.
Francie je v Evropě.

Egypt is in Africa.
Egypt je v Africe.

Japan is in Asia.
Japonsko je v Asii.

Canada is in North America.
Kanada je v Severní Americe.

Panama is in Central America.
Panama je ve Střední Americe.

Brazil is in South America.
Brazílie je v Jižní Americe.

Where are you from?
Odkud jsi?

I'm from…
Jsem z…

Country Vocabulary

Afghanistan		Hercegovina	Republic
Afghánistán	Bahamas		Středoafrická
	Bahamy	Botswana	republika
Albania		Botswana	
Albánie	Bahrain		Chad
	Bahrajn	Brazil	Čadu
Algeria		Brazílie	
Alžírsko	Bangladesh		Chile
	Bangladéš	Brunei	Chile
Andorra		Brunej	
Andorra	Barbados		China
	Barbados	Bulgaria	Čína
Angola		Bulharsko	
Angola	Belarus		Colombia
	Bělorusko	Burkina Faso	Kolumbie
Antigua and		Burkina Faso	
Barbuda	Belgium		Comoros
Antigua a	Belgie	Burundi	Komory
Barbuda		Burundi	
	Belize		Costa Rica
Argentina	Belize	Cambodia	Kostarika
Argentina		Kambodža	
	Benin		Côte d' Ivoire
Armenia	Benine	Cameroon	Pobřeží
Arménie		Kamerun	slonoviny
	Bhutan		
Australia	Bhútán	Canada	Croatia
Austrálie		Kanada	Chorvatsko
	Bolivia		
Austria	Bolívie	CapeVerde	Cuba
Rakousko		Kapverdy	Kuba
	Bosnia and		
Azerbaijan	Herzegovina	Central	Cyprus
Ázerbajdžán	Bosna a	African	Kypr

	Ghana	
Czech Republic	Equatorial	Iran
Česká republika	Guinea	Írán
	Rovníková	Greece
	Guinea	Řecko
Democratic		
Republic of the	Grenada	Iraq
Congo	Eritrea	Irák
Demokratická	Eritrea	Grenada
republika		Ireland
Kongo	Estonia	Guatemala	Irsko
	Estonsko	Guatemala
Denmark		Israel
Dánsko	Ethiopia	Guinea	Izrael
	Etiopie	Guinea
Djibouti		Italy
Džibutsko	Fiji	Guinea-Bissau	Itálie
	Fidži	Guinea-Bissau
Dominica		Jamaica
Dominika	Finland	Guyana	Jamaica
	Finsko	Guyana
Dominican		Japan
Republic	France	Haiti	Japonsko
Dominikánská	Francie	Haiti
republika		Jordan
	Gabon	Honduras	Jordán
East Timor	Gabon	Honduras
Východní		Kazakhstan
Timor	Gambia	Hungary	Kazachstán
	Gambie	Maďarsko
Ecuador		Kenya
Ekvádor	Georgia	Iceland	Keňa
	Gruzie	Island
Egypt		Kiribati
Egypt	Germany	India	Kiribati
	Německo	Indie
El Salvador		Kuwait
El Salvador	Ghana	Indonesia	Kuvajt
		Indonésie

Kyrgyzstan	Malajsie	Montenegro	Severní Korea
Kyrgyzstán		Černá Hora	
	Maldives		Norway
Laos	Maledivy	Morocco	Norsko
Laos		Maroko	
	Mali		Oman
Latvia	Mali	Mozambique	Omán
Lotyšsko		Mozambik	
	Malta		Pakistan
Lebanon	Malta	Myanmar	Pákistán
Libanon		Myanmar	
	Marshall		Palau
Lesotho	Islands	Namibia	Palau
Lesotho	Marshallovy	Namibie	
	ostrovy		Panama
Liberia		Nauru	Panama
Libérie	Mauritania	Nauru	
	Mauritánie		Papua New
Libya		Nepal	Guinea
Libye	Mauritius	Nepál	Papua-Nová
	Mauricius		Guinea
Liechtenstein		Netherlands	
Lichtenštejnsko	Mexico	Nizozemí	Paraguay
	Mexiko		Paraguay
Lithuania		New Zealand	
Litva	Micronesia	Nový Zéland	Peru
	Mikronésie		Peru
Luxembourg		Nicaragua	
Lucembursko	Moldova	Nikaragua	Philippines
	Moldavsko		Filipíny
Madagascar		Niger	
Madagaskar	Monaco	Niger	Poland
	Monako		Polsko
Malawi		Nigeria	
Malawi	Mongolia	Nigérie	Portugal
	Mongolsko		Portugalsko
Malaysia		North Korea	

Qatar
Katar

Republic of the
Congo
Konžská
republika

Republic of
Macedonia
Republika
Makedonie

Romania
Rumunsko

Russia
Rusko

Rwanda
Rwandě

Saint Kitts and
Nevis
Svatý Kryštof a
Nevis

Saint Lucia
Svatá Lucia

Saint Vincent
and the
Grenadines
Svatý Vincenc a
Grenadiny

Samoa

Samoa

San Marino
San Marino

Sao Tome and
Principe
Svatý Tomáš a
Princův ostrov

Saudi Arabia
Saudská arábie

Senegal
Senegal

Serbia
Srbsko

Seychelles
Seychely

Sierra Leone
Sierra Leone

Singapore
Singapur

Slovakia
Slovensko

Slovenia
Slovinsko

Solomon
Islands
Solomonovy

ostrovy

Somalia
Somálsko

South Africa
Jižní Afrika

South Korea
Jižní Korea

South Sudan
jižní Súdán

Spain
Španělsko

Sri Lanka
Srí Lanka

Sudan
Súdán

Suriname
Surinam

Swaziland
Svazijsko

Sweden
Švédsko

Switzerland
Švýcarsko

Syria
Sýrie

Tajikistan
Tádžikistán

Tanzania
Tanzanie

Thailand
Thajsko

Togo
Jít

Tonga
Tonga

Trinidad and
Tobago
Trinidad a
Tobago

Tunisia
Tunisko

Turkey
krocan

Turkmenistan
Turkmenistán

Tuvalu
Tuvalu

Uganda
Ugandě

Ukraine

170

Ukrajina

United Arab
Emirates
Spojené arabské
emiráty

United
Kingdom
Spojené
království

United States
of America
Spojené státy
americké

Uruguay
Uruguay

Uzbekistan
Uzbekistán

Vanuatu
Vanuatu

Venezuela
Venezuela

Vietnam
Vietnam

Yemen

Jemen

Zambia
Zambie

Zimbabwe
Zimbabwe

Days Phrases

Can you spell the days of the week?
Můžete hláskovat dny v týdnu?

I am going fishing the day after tomorrow
Zítra budu lovit ryby

On which day do you start work again?
V který den začnete znovu pracovat?

The first day of the week is Sunday.
První den v týdnu je neděle.

We attend school on Monday and Tuesday.
V pondělí a úterý chodíme do školy.

We go to church on Sunday.
V neděli chodíme do kostela.

We will go to the park on Saturday.
V sobotu půjdeme do parku.

We will go to vist Mary tomorrow.
Zítra půjdeme na prohlídku Mary.

What day is it today?
Jaký je dnes den?

What day is May 30th?
Jaký den je 30. května?

What day is the day after tomorrow?
Jaký den je pozítří pozítří?

What day is tomorrow?
Jaký den je zítra?

What day of the week is the hardest for you to spell?
Který den v týdnu je pro vás nejtěžší hláskovat?

What day was it yesterday?
Jaký to byl včera?

What day was it yesterday?
Jaký to byl včera?

What day was the day before yesterday?
Jaký den byl den před včera?

What day will we go shopping?
Jaký den půjdeme nakupovat?

What days of the week are the weekend?
Jaké dny nebo týden jsou o

víkendu?

What is the date today?
Jaké je dnes datum?

What is your first working day of
the week?
Jaký je váš první pracovní den
nebo týden?

What is your last working day of
the week?
Jaký je váš poslední pracovní den
nebo týden?

What was the date yesterday?
Jaké bylo včerejší datum?

What will the date be tomorrow?
Jaké bude datum zítra?

Which days of the week do you
have an English class?
Které dny v týdnu máte
angličtinu?

How do you say the months of
the year in your native language?
How do you say měsíce roku ve
vašem rodném jazyce?

What month do you go on a
holiday?
Který měsíc jedeš na dovolenou?

What month do you like the
best?

Jaký měsíc máš nejraději?

What month do you like the
least?
Jaký měsíc máš nejraději?

What month does school finish in
your country?
Jaký měsíc končí škola ve vaší
zemi?

What month does school start in
your country?
Jaký měsíc začíná ve vaší zemi
škola?

What month is Christmas?
Jaký měsíc jsou Vánoce?

What month is Easter?
Jaký je měsíc Velikonoce?

What month is it next month?
Jaký je příští měsíc?

What month is it now?
Jaký je teď měsíc?

What month is last month?
Jaký měsíc je minulý měsíc?

What month is winter.
Jaký je měsíc zima.

What month is your birthday?
Jaký měsíc máš narozeniny?

What months are cold in your
country?
Jaké měsíce jsou ve vaší zemi
chladné?

What time of year are you the
busiest?
Který čas nebo rok jsi nejrušnější?

Which month do you like best?
Který měsíc se vám nejvíce líbí?

Which month does winter begin?
Který měsíc začíná zima?

Which month does your school
begin?
Který měsíc začíná vaše škola?

Which month does your school
end?
Který měsíc končí vaše škola?

Which month is the coldest?
Který měsíc je nejchladnější?

Which month is the hardest for
you to spell?
Který měsíc je pro vás nejtěžší
hláskovat?

Which month is the hottest?
Který měsíc je nejžhavější?

Which month is your birthday?
Který měsíc máš narozeniny?

Which months are hot in your
country?
Které měsíce jsou ve vaší zemi
horké?

Which months are the hardest to
spell for you?
Které měsíce jsou pro vás
nejtěžší?

The first day is Sunday.
První den je neděle.

The second day is Monday.
Druhý den je pondělí.

The third day is Tuesday.
Třetí den je úterý.

The fourth day is Wednesday.
Čtvrtý den je středa.

The fifth day is Thursday.
Pátý den je čtvrtek.

The sixth day is Friday.
Šestý den je pátek.

The seventh day is Saturday.
Sedmý den je sobota.

The week has seven days.
Týden má sedm dní.

We only work for five days.
Pracujeme pouze pět dní.

Days Vocabulary

Days of the week
Dny v týdnu

Monday
pondělí

Tuesday
úterý

Wednesday
středa

Thursday
Čtvrtek

Friday
pátek

Saturday
sobota

Sunday
Neděle

Months of the year
Měsíců v roce

January	April	July	October
leden	duben	červenec	říjen
February	May	August	November
Únor	Smět	srpen	listopad
March	June	September	December
březen	červen	září	prosinec

Seasons of the Year
Roční období

spring	podzim	decade
jaro	month	desetiletí
	winter	Měsíc
summer	zimní	century
letní	year	stole
	day	rok
autumn	den	
tí		

Geometry Vocabulary

geometry
geometrie

chord
akord

triangle
trojúhelník

ellipse
elipsa

ellipsoid
elipsoid

hexagon
šestiúhelník

hyperbola
hyperbola

cone
kužel

wedge
klín

circle
kruh

octahedron
oktaedron

parallel
paralelní

pentagon
Pentagon

square
náměstí

rectangle
obdélník

acute angle
ostrý úhel

tetrahedron
ctyrsten

torus
torus

angle
úhel

decagon
dekagon

cylinder
válec

Medical Phrases

Do you understand this
language?
Rozumíte tomuto jazyku?

We are here to help you.
Jsme tu, abychom vám pomohli.

I do not understand your
language.
Nerozumím tvému jazyku.

There is no one available who
speaks this language.
Není nikdo, kdo by mluvil tímto
jazykem.

Try to answer my questions with
'yes' or 'no.'
Zkuste odpovědět na moje
otázky „ano" nebo „ne".

Move your head like this for
'yes.'
Pohybujte hlavou takhle pro
„ano".

Move your head like this for 'no.'
Pohybujte hlavou takhle pro
„ne".

Do you know where you are?
Víte, kde jste?

Are you thirsty?

Máš žízeň?

Are you hungry?
Máš hlad?

Do you need to urinate?
Potřebujete močit?

Do you need to defecate?
Potřebujete se vyprázdnit?

Do you want a cigarette?
Chcete cigaretu?

I understand.
Chápu.

I do not understand.
Nerozumím.

We will try to contact someone
from your group.
Pokusíme se kontaktovat někoho
z vaší skupiny.

Please.
Prosím.

Thank you.
Děkuji.

You are welcome.
Nemáš zač.

Thank you for talking with me.
Děkuji za rozhovor se mnou.

I will talk with you again.
Budu s tebou mluvit znovu.

Good-bye.
Ahoj.

We cannot give you anything to
eat or drink.
Nemůžeme vám dát nic k jídlu
ani pití.

If you need surgery, your
stomach must be empty.
Pokud potřebujete operaci, musí
být váš žaludek prázdný.

We will give you food and drink
as soon as it is safe to do so.
Jakmile to bude bezpečné, dáme
vám jídlo a pití.

Be quiet.
Být zticha.

Come with me.
Pojď se mnou.

Describe it with gestures.
Popište to gesty.

Do not get excited.
Nenechte se nadchnout.

Do what I ask.

Udělej, co se ptám.

Do you mean "no"?
Myslíš "ne"?

Do you mean "yes"?
Myslíš „ano"?

Hold up the number of fingers.
Podržte počet prstů.

I will get an interpreter.
Dostanu tlumočníka.

Is this it?
Je to?

No
Ne

Point to it.
Ukažte na to.

Relax
Relaxovat

Show me.
Ukaž mi.

Squeeze my hand once for "yes."
Stiskněte jednou jednou ruku pro
„ano".

Squeeze my hand twice for "no."
Stiskněte dvakrát ruku pro „ne".

Write your answer here.

Sem napište svou odpověď.

Yes
Ano

I know first aid.
Znám první pomoc.

Don't move.
Nehýbej se.

We need to move you.
Musíme vás pohnout.

I need to clean your wounds.
Musím si vyčistit rány.

I am here to help you.
Jsem tu, abych vám pomohl.

What is your given name?
Jak se jmenuješ?

What is your family name?
Jaké je tvé příjmení?

What is your nationality?
Jaká je tvá národnost?

What country were you born in?
V které zemi jste se narodili?

How old are you?
Kolik je Vám let?

Do you have an identity card?
Máte průkaz totožnosti?

Show me your identification.
Ukažte mi svou identifikaci.

Do you have any bad reactions to medications?
Máte nějaké špatné reakce na léky?

What is the name of the medication that causes bad reactions?
Jaký je název léku, který způsobuje špatné reakce?

Do you have any allergies to medicines?
Máte alergii na léky?

What is your religion?
Jaké je tvé vyznání?

Do you smoke tobacco?
Kouříte tabák?

How many packs of cigarettes do you smoke per day?
Kolik balení cigaret kouříte denně?

Are you married?
Jste ženatý?

Do you have any children?
Máte nějaké děti?

Do you have high blood pressure

problems?
Máte problémy s vysokým
krevním tlakem?

Do you have diabetes?
Máte cukrovku?

Do you have blood sugar control
problems?
Máte problémy s kontrolou
hladiny cukru v krvi?

Do you drink alcohol?
Pijete alkohol?

How much do you weigh?
Kolik vážíte?

You have been injured.
Byl jsi zraněn.

You are ill.
Jsi nemocný.

Lie still.
Lež stále.

We will take care of you.
Postaráme se o vás.

Let us help you.
Pomůžeme vám.

We must examine you carefully.
Musíme vás pečlivě prozkoumat.

We will try to not hurt you

further.
Pokusíme se vám ublížit.

This will help protect you.
Pomůže to chránit vás.

Do exactly what we ask.
Udělejte přesně to, co žádáme.

Keep your head very still.
Držte hlavu velmi klidně.

We must examine you carefully.
Musíme vás pečlivě prozkoumat.

We will try to not hurt you
further.
Pokusíme se vám ublížit.

This will help protect you.
Pomůže to chránit vás.

Do exactly what we ask.
Udělejte přesně to, co žádáme.

Keep your head very still.
Držte hlavu velmi klidně.

Keep very still.
Držte se velmi klidně.

Can you breathe?
Můžeš dýchat?

Say your name out loud.
Vyslovte své jméno nahlas.

Do you hurt anywhere?
Bolí vás kdekoli?

Show me where.
Ukažte mi, kde.

Show me where it hurts worst.
Ukaž mi, kde to bolí nejhorší.

Does this hurt?
Bolí to?

Move all of your fingers.
Přesuňte všechny prsty.

Move all of your toes.
Přesuňte všechny prsty na nohou.

Open your eyes.
Otevři oči.

Push against me.
Zatlačte proti mně.

You will feel better soon.
Brzy se budete cítit lépe.

You must stay here.
Musíte zůstat tady.

When did you have your last meal?
Kdy jsi měl poslední jídlo?

When was your last bowel movement?

Kdy byl váš poslední pohyb střeva?

How often are you urinating?
Jak často močíte?

Is it difficult to urinate?
Je těžké močit?

You are badly hurt.
Jste velmi zraněni.

You are very sick.
Jste velmi nemocní.

We need to take you to surgery.
Musíme vás vzít na operaci.

We need to remove this.
Musíme to odstranit.

We need to repair this.
Musíme to opravit.

If we do not operate, you may die.
Pokud nebudeme fungovat, můžete zemřít.

If we do not operate, you may lose this.
Pokud nebudeme fungovat, můžete ztratit.

The operation is dangerous, but it is the only way to help you.
Tato operace je nebezpečná, ale je

to jediný způsob, jak vám
pomoci.

Do you understand that you
need this surgery?
Rozumíte, že tuto operaci
potřebujete?

We will operate very carefully.
Budeme pracovat velmi pečlivě.

We want your permission before
we operate on you.
Chceme vaše svolení, než
začneme na vás pracovat.

May we operate on you?
Můžeme na vás působit?

We will begin the operation as
soon as we can.
Operaci zahájíme, jakmile to
půjde.

This medicine will make you
sleep.
Tento lék vás přinutí spát.

Have you had any surgeries?
Měl jsi nějaké operace?

Do you have any allergies,
especially to medications?
Máte nějaké alergie, zejména na
léky?

Do you have high blood

pressure/diabetes or blood sugar
control problems?
Máte problémy s vysokým
krevním tlakem / cukrovkou
nebo s kontrolou hladiny cukru v
krvi?

You have been hurt.
Byl jsi zraněn.

We are all working to help you.
Všichni se vám snažíme pomoci.

Help us take care of you.
Pomozte nám postarat se o vás.

We have to remove your clothes.
Musíme si sundat šaty.

Do you have any bad reactions to
any medicine?
Máte nějaké špatné reakce na
jakýkoli lék?

Have you eaten food in the past
six hours?
Jedli jste jídlo za posledních šest
hodin?

Is this injury from a landmine?
Je to zranění z nášlapné miny?

Were you shot?
Střelili jste?

Is this from a knife?
Je to z nože?

Is this from a rock?
Je to ze skály?

Is this from a vehicle crash?
Je to z havárie vozidla?

Did a person do this to you?
Udělal vám to někdo?

Did you lose consciousness after
this happened?
Ztratili jste vědomí poté, co se to
stalo?

Did you lose more than this
much blood?
Ztratili jste víc než tolik krve?

Point to all the parts of your
body that hurt.
Ukazujte na všechny části vašeho
těla, které bolí.

Does it hurt when I do this?
Bolí to, když to dělám?

Move this like this.
Přesun takhle.

Turn over this way.
Otočte se tímto způsobem.

Did you inhale any smoke or
very hot air?
Vdechli jste kouř nebo velmi
horký vzduch?

Do your lungs hurt?
Bolí vás plíce?

Are you having trouble
breathing?
Máte potíže s dýcháním?

This will help avoid infection.
To pomůže vyhnout se infekci.

This will help you.
To vám pomůže.

I have to put a small needle in
you here.
Musím sem dát malou jehlu.

We need to give you fluid.
Musíme vám dát tekutinu.

We need to give you blood.
Musíme ti dát krev.

I need to put a tube into your
throat.
Musím si dát do krku trubku.

This tube will help you breathe
better.
Tato trubice vám pomůže lépe
dýchat.

This tube may feel
uncomfortable.
Tato trubice se může cítit
nepříjemně.

I need to put a tube through your nose to your stomach.
Musím ti dát trubičku přes nos do žaludku.

You need to swallow while I put this tube in your nose.
Musíš polykat, když jsem ti dal tu hadičku do nosu.

Drink this while I gently place the tube into your nose.
Pijte to, zatímco jemně vložím zkumavku do nosu.

This tube will drain your stomach.
Tato trubice vypouští žaludek.

I have to put a small tube into your neck to give you fluid.
Musím ti dát malou trubičku do krku, abych ti dal tekutinu.

I need to put a tube in your chest.
Musím si dát do hrudníku trubku.

This needle will release the air from your chest.
Tato jehla uvolní vzduch z vaší hrudi.

This will help your burns.
To pomůže vašim popáleninám.

I need to cut your skin.
Musím ti snížit kůži.

We have to restrain you for your safety.
Musíme vás omezit kvůli vaší bezpečnosti.

You have been burned by a chemical.
Spálili jste chemikálií.

We need to wash the chemicals from your skin.
Musíme si umýt chemikálie z kůže.

You will need to be completely washed.
Budete muset být kompletně praní.

Hold this dressing and apply pressure.
Držte tento obvaz a vyvíjejte tlak.

I need to splint your arm.
Potřebuji ti rozštěpit paži.

I need to splint your leg.
Musím ti rozštípnout nohu.

I am applying a tourniquet to stop the bleeding.
Používám turniket, abych zastavil krvácení.

Have you urinated today?
Už jste dnes močili?

Does your bladder feel full?
Cítí se váš močový měchýř plný?

Do you have problems starting to
urinate?
Máte problémy s močením?

Do you have an urge to urinate
but are unable to pass urine?
Máte nutkání na močení, ale
nemůžete močit?

Do you have any pain with
urination?
Máte bolesti při močení?

Urinate into this container.
Do tohoto kontejneru močte.

You need a tube in your bladder.
Potřebujete trubku v močovém
měchýři.

I am going to insert a tube into
your bladder to drain urine.
Chystám vložit trubici do
močového měchýře, aby
vypustila moč.

This tube will empty the urine
from your bladder.
Tato zkumavka vyprázdní moč z
močového měchýře.

This tube will feel uncomfortable
in you.
Tato trubice se ve vás bude cítit
nepříjemně.

Do not touch this tube.
Nedotýkejte se této trubice.

Do not eat or drink until the
surgery.
Nejezte a nepijte do operace.

Do not eat or drink anything
after midnight tonight.
Po noci o půlnoci nejezte ani
nepijte.

Take this medicine.
Vezměte si tento lék.

You must remain in bed.
Musíte zůstat v posteli.

Do not move at all.
Nehýbejte se vůbec.

You must stay in this room.
Musíte zůstat v této místnosti.

You must not smoke.
Nesmíte kouřit.

We have to cut your hair off here.
Musíme ti ostříhat vlasy.

You may get up to go to the
toilet.

Můžete vstát a jít na záchod.

We cannot give you anything to eat or drink.
Nemůžeme vám dát nic k jídlu ani pití.

If you need surgery, your stomach must be empty.
Pokud potřebujete operaci, musí být váš žaludek prázdný.

We will give you food and drink as soon as it is safe to do so.
Jakmile to bude bezpečné, dáme vám jídlo a pití.

Are you having pain?
Máte bolesti?

Where are you having pain?
Kde máš bolesti?

Is the pain here?
Je tu bolest?

Does anything make the pain better?
Dělá něco bolest lepší?

Does anything make the pain worse?
Dělá něco bolest?

Did the pain start today?
Začala bolest dnes?

How many days have you had the pain?
Kolik dní jste měl bolesti?

Describe the pain on a scale from 1 to 10.
Popište bolest na stupnici od 1 do 10.

10 is the worst possible pain, and 1 is no pain at all.
10 je nejhorší možná bolest a 1 není bolest vůbec.

Hold up the number of fingers.
Podržte počet prstů.

What is the main problem?
Jaký je hlavní problém?

How long have you had the pain?
Jak dlouho už máte bolesti?

Show me where the pain started.
Ukaž mi, kde bolest začala.

Does the pain go to the back?
Jde bolest do zad?

Does the pain go to the testicles?
Jde bolest do varlat?

Does this pain go to the groin?
Projde tato bolest na slabiny?

Is this a sharp pain?

Je to ostrá bolest?

Is this a dull pain?
Je to tupá bolest?

Is this a cramping pain?
Je to křeče?

Is this a constant pain?
Je to neustálá bolest?

Is this an intermittent pain?
Je to občasná bolest?

Is this a mild pain?
Je to mírná bolest?

Is this a moderate pain?
Je to mírná bolest?

Is this a severe pain?
Je to těžká bolest?

Is this the worst pain you ever had?
Je to ta nejhorší bolest, jakou jste kdy měli?

Is there anything that relieves the pain symptom?
Existuje něco, co zmírňuje příznaky bolesti?

Is there anything that worsens the pain symptom?
Existuje něco, co zhoršuje symptom bolesti?

Have you seen a doctor or anyone about this?
Už jste o tom viděli lékaře nebo někoho?

What medicines are you taking?
Jaké léky užíváte?

Are you experiencing fevers?
Zažíváte horečky?

Are you experiencing chills?
Zažíváte zimnici?

Are you experiencing nausea?
Zažíváte nevolnost?

Are you experiencing vomiting?
Zažíváte zvracení?

Are you experiencing diarrhea?
Zažíváte průjem?

Are you experiencing loss of appetite?
Ztrácíte chuť k jídlu?

Are you experiencing headaches?
Zažíváte bolesti hlavy?

Are you experiencing visual disturbances?
Zažíváte vizuální poruchy?

Are you experiencing numbness or tingling?

Zažíváte necitlivost nebo brnění?

Are you experiencing bleeding
by mouth or rectum?
Zažíváte krvácení ústy nebo
konečníkem?

Do you feel sick?
Je Vám špatne?

Did you begin to feel sick today?
Začali jste se dnes cítit nemocně?

How many days have you felt
sick?
Kolik dní jste se cítili nemocně?

Is the sickness here?
Je tady nemoc?

Do you feel nauseated?
Cítíte se zvraceni?

Did the nausea start today?
Začala nevolnost dnes?

How many days have you had
the nausea?
Kolik dní jste měli nevolnost?

Have you been vomiting?
Zvracel jste?

Is there any blood in your vomit?
Je ve zvratcích krev?

Is there any black color in your

vomit?
Je ve zvracení nějaká černá
barva?

Have you had any diarrhea?
Měl jste průjem?

How many times have you had
diarrhea today?
Kolikrát jste dnes měl průjem?

Would your diarrhea today fill
this?
Naplnil by to dnes váš průjem?

What color is the diarrhea?
Jakou barvu má průjem?

Is it red?
Je to červené?

Is it yellow?
Je to žluté?

Is it green?
Je to zelené?

Is it black?
Je to černé?

When was the last time you had
a bowel movement?
Kdy jste naposledy měl střevní
pohyb?

Has there been any blood in your
stool?

Byla ve vaší stolici krev?

Are you bleeding from your
rectum?
Krvácíte z konečníku?

Have your stools been black?
Byly vaše stoličky černé?

Do you have fever?
Máte horečku?

For how many days have you
had a fever?
Kolik dní jste měli horečku?

Does it burn when you urinate?
Hoří, když močíte?

Are you urinating more than
usual?
Močíte více než obvykle?

Is there blood in the urine?
Je v moči krev?

When did you eat last?
Kdy jsi jedl naposledy?

Are you hungry?
Máš hlad?

Do you have worms?
Máte červy?

Do you have malaria?
Máte malárii?

Do you have tuberculosis?
Máte tuberkulózu?

Do you know what I mean by the
term HIV?
Víte, co mám na mysli pod
pojmem HIV?

Do you know what I mean by the
term AIDS?
Víte, co mám na mysli pod
pojmem AIDS?

Do you have worms?
Máte červy?

Do you have malaria?
Máte malárii?

Do you have tuberculosis?
Máte tuberkulózu?

Do you know what I mean by the
term HIV?
Víte, co mám na mysli pod
pojmem HIV?

Do you know what I mean by the
term AIDS?
Víte, co mám na mysli pod
pojmem AIDS?

Do you have pain in this joint I'm
touching?
Máte bolesti v tomto kloubu,
kterého se dotknu?

Do you have pain in any other joint?
Máte bolesti v jiném kloubu?

Which joint hurts the most?
Který kloub nejvíce bolí?

Do you have pain in this muscle I'm touching?
Máte bolesti v tomto svalu, kterého se dotknu?

Do you have pain in any other muscle?
Máte bolesti v jiném svalu?

Where is the muscle pain?
Kde je bolest svalů?

Is this muscle cramping?
Je to svalové křeče?

Have you ever had any broken bones?
Už jste někdy měli zlomené kosti?

What bones have you broken?
Jaké kosti jsi zlomil?

Does it hurt when I do this?
Bolí to, když to dělám?

Do this.
Udělej to.

You need an X-ray of your bone.
Potřebujete rentgen vaší kosti.

I will examine the X-ray and tell you what I see.
Prověřím rentgen a řeknu ti, co vidím.

The bone is broken here.
Kosti jsou zde zlomeny.

The bone is not broken here.
Kosti zde nejsou zlomeny.

You need a cast to help the bone heal.
Potřebujete obsazení, které vám pomůže léčit kosti.

Do not remove the cast.
Neodstraňujte obsazení.

Do not get the cast wet.
Nenechávejte obsazení mokré.

You need a splint to help the injury heal.
Potřebujete uzdravení zranění.

You may take the splint off to clean yourself.
Můžete se zbavit dlahy a očistit se.

The splint must be replaced after you have cleaned yourself.
Dlaha musí být vyměněna poté,

co jste se sami očistili.

You need a metal plate and screws to help the healing of your bone.
K hojení kosti potřebujete kovovou desku a šrouby.

We need to take you to the Operating Room to perform an operation on you.
Abychom s vámi provedli operaci, musíme vás vzít do operačního sálu.

Your child is sick.
Vaše dítě je nemocné.

Your child is hurt.
Vaše dítě je zraněno.

We need to care for your child.
Musíme se starat o vaše dítě.

You need to let us keep your child here.
Musíte nám nechat vaše dítě tady.

You may stay with your child.
Můžete zůstat se svým dítětem.

Let us examine your child in private.
Prozkoumejme vaše dítě v soukromí.

Your child will get better soon.
Vaše dítě se brzy zlepší.

This medicine will help your child.
Tento lék pomůže vašemu dítěti.

Did your child eat today?
Jedlo vaše dítě dnes?

Did your child eat yesterday?
Jedlo vaše dítě včera?

Has your child passed urine today?
Už vaše dítě dnes močilo?

Has your child passed any stool today?
Prošlo vaše dítě dnes nějakou stolicí?

Did your child pass any stool yesterday?
Prošlo vaše dítě včera nějakou stolicí?

Has your child had any diarrhea?
Měl Vaše dítě průjem?

Has your child been vomiting?
Zvracelo vaše dítě?

Your child looks healthy.
Vaše dítě vypadá zdravě.

Your child will be fine.

Vaše dítě bude v pořádku.

Your child will be ill for a long
time.
Vaše dítě bude dlouho nemocné.

This illness will pass slowly, but
your child's health will return
completely.
Tato nemoc pomine pomalu, ale
zdraví vašeho dítěte se vrátí
úplne.

Feed the child small portions
every few hours.
Krmte dítě malé porce každých
pár hodin.

Help your child drink this every
few hours.
Pomozte svému dítěti vypít ho
každých pár hodin.

Feed this medicine to your child
every four hours.
Krmte tento lék svému dítěti
každé čtyři hodiny.

Allow your child to sleep.
Nechte své dítě spát.

You need to sleep as much as the
child does.
Musíte spát stejně jako dítě.

Bring your child back here
tomorrow.

Vezměte své dítě zítra sem.

Bring your child back if there is
no improvement by tomorrow.
Pokud zítra nedojde ke zlepšení,
vraťte své dítě zpět.

We will continue to follow the
health of your child with you.
Budeme s vámi nadále sledovat
zdraví vašeho dítěte.

Do you have an intrauterine
device (birth control device)?
Máte intrauterinní zařízení
(antikoncepční zařízení)?

Have you had missed periods of
menstruation recently?
Už jste nedávno zmeškali
menstruaci?

Do you use pills for birth
control?
Používáte pilulky k
antikoncepci?

Are you pregnant?
Jste těhotná?

Could you be pregnant?
Můžete být těhotná?

When was your last period?
Kdy bylo tvoje poslední období?

How many pregnancies have

you had?
Kolik těhotenství jste měli?

Are you having any vaginal
discharge?
Máte nějaké vaginální výboje?

Are you having vaginal
bleeding?
Máte vaginální krvácení?

How long have you had vaginal
bleeding?
Jak dlouho už máte vaginální
krvácení?

Does the vaginal bleeding come
and go?
Přichází a odchází vaginální
krvácení?

Is the vaginal bleeding constant?
Je vaginální krvácení konstantní?

Do you feel dizzy?
Cítíte se závratě?

How many months have you
been pregnant?
Kolik měsíců jste byla těhotná?

How many children do you
have?
Kolik dětí máte?

Have you been raped?
Byl jsi znásilněn?

We need to examine you
carefully.
Musíme vás pečlivě prozkoumat.

We will protect your privacy as
much as we can.
Budeme chránit vaše soukromí v
maximální možné míře.

Does this hurt?
Bolí to?

Do not push yet.
Zatím netlačte.

Push now.
Tlačit hned.

Push now as hard as you can.
Nyní tlačte tak tvrdě, jak jen
můžete.

The baby is here.
Dítě je tady.

It is a boy.
Je to kluk.

It is a girl.
Je to holka.

The baby looks healthy.
Dítě vypadá zdravě.

We will take good care of the
baby.

Budeme se o dítě dobře starat.

Do you have any chest pain or tightness?
Máte nějaké bolesti na hrudi nebo napětí?

Are you having trouble trying to breathe?
Máte potíže se pokusit dýchat?

Do you have chest pain over your entire chest?
Máte bolesti celého hrudníku?

Do you have pain from your chest into your arm?
Máte bolesti na hrudi do paží?

Have you had this type of chest pain before?
Už jste měl tento typ bolesti na hrudi?

Do you feel light-headed with the chest pain?
Cítíte se s bolestí na hrudi lehce namáhavě?

Do you sweat with the chest pain?
Potíte se s bolestí na hrudi?

This heart pill may give you a headache.
Tato tabletka na srdce vám může způsobit bolesti hlavy.

This will go under your tongue.
To půjde pod váš jazyk.

Chew this and swallow it.
Žvýkat to a spolknout.

Let us take care of you.
Postarej se o tebe.

Open your eyes.
Otevři oči.

Close your eyes.
Zavři oči.

Do you have any pain in your eyes?
Máte bolesti v očích?

Do you wear corrective glasses?
Nosíte korekční brýle?

Do you wear contact lenses?
Nosíte kontaktní čočky?

Is your vision clear in both eyes?
Je vaše vidění jasné v obou očích?

Which eye has a new problem?
Které oko má nový problém?

Do you see my fingers?
Vidíš moje prsty?

Are they clear?
Jsou jasné?

jsem odstranil cizí tělo ve vašem oku.

How many fingers do you see right now?
Kolik prstů vidíš právě teď?

Does this feel normal?
Je to normální?

I am going to be looking into your eyes with this.
Budu se tím dívat do tvých očí.

Do this.
Udělej to.

Keep your head still.
Držte hlavu v klidu.

Move your toes.
Posuňte prsty.

Look straight ahead and focus on an object.
Dívejte se přímo dopředu a zaměřte se na objekt.

Do you have numbness or tingling?
Máte znecitlivění nebo mravenčení?

While I am looking into your eyes, continue to focus on that object.
Zatímco se dívám do vašich očí, pokračujte v zaměření na tento objekt.

Where do you feel the numbness or tingling?
Kde cítíte necitlivost nebo brnění?

Did the numbness or tingling start today?
Začala dnes znecitlivění nebo brnění?

I am going to put some drops into your eye.
Dám ti nějaké kapky do tvého oka.

How many days have you have the numbness or tingling?
Kolik dní máte znecitlivění nebo mravenčení?

I am going to blow a puff of air into your eye.
Vrhnu ti do vzduchu nafouknutí vzduchu.

Do you feel weak?
Cítíš se slabý?

Hold very still while I remove the foreign body in your eye.
Držte se velmi klidně, zatímco

Did the weakness start today?
Začala slabost dnes?

196

How many days have you had
the weakness?
Kolik dní jste měli slabost?

Bend your arm.
Ohněte ruku.

Bend your leg.
Ohněte nohu.

Breathe normally.
Dýchejte normálně.

Close your eyes.
Zavři oči.

Close your hand.
Zavřete ruku.

Close your mouth.
Zavři pusu.

Cough
Kašel

Cough some phlegm into this
cup.
Do tohoto šálku přidejte trochu
hlenu.

Hold this under your tongue.
Drž to pod svým jazykem.

Hold your breath.
Zadržte dech.

Lie down.
Lehnout.

Lie flat.
Lehněte si.

Lie on your abdomen.
Lehněte si na břicho.

Lie on your back.
Lehněte si na záda.

Look at my finger as it moves.
Podívejte se na můj prst, jak se
pohybuje.

Look down.
Podívej se dolů.

Look straight.
Podívej se rovně.

Look up.
Vzhlédnout.

Open
otevřeno

Open your eyes.
Otevři oči.

Open your hand.
Otevřete ruku.

Open your mouth.
Otevřete ústa.

Push here.
Zatlačte sem.

Sit down.
Sedni si.

Sit up.
Posadit se.

Squeeze here.
Squeeze tady.

Stand on the scale.
Postavte se na stupnici.

Stand up.
Postav se.

Take a deep breath in and out.
Zhluboka se nadechněte dovnitř
a ven.

Touch my finger with this finger.
Dotkněte se mým prstem tímto
prstem.

Touch your finger to your nose
like this.
Dotkněte se prstem nosu takhle.

Turn around.
Otočit se.

Turn onto this side.
Odbočte na tuto stranu.

Walk like this.

Takhle chodte.

Walk towards me.
Jděte ke mně.

You need an X-ray of your chest.
Potřebujete rentgen hrudníku.

Can I do anything to help you?
Můžu udělat něco, abych vám
pomohl?

Come with me.
Pojď se mnou.

I will try not to hurt you.
Pokusím se ti neublížit.

I am going to lift you.
Zvednu tě.

I am going to put a needle in
your arm to give you medication.
Chystám ti dát do ruky jehlu,
abych ti dal léky.

Can I do anything to help you?
Můžu udělat něco, abych vám
pomohl?

I am sorry I hurt you.
Je mi líto, že jsem ti ublížil.

I must adjust the tube in your
chest.
Musím upravit trubku ve vaší
hrudi.

I must change your dressings.
Musím změnit vaše oblékání.

I must cut your hair.
Musím ti ostříhat vlasy.

I must give you a shave.
Musím se oholit.

I must give you a suppository
into your rectum.
Musím ti dát čípek do tvého
konečníku.

I must give you an injection with
a needle.
Musím ti dát injekci jehlou.

I must make your bed.
Musím si vyrobit postel.

I must wash your hair.
Musím si umýt vlasy.

I will help you dress.
Pomůžu vám šaty.

I will help you undress.
Pomohu se svléknout.

Put the gown on.
Obleč si šaty.

Put your arms around my
shoulders.
Položte ruce kolem mých ramen.

This medicine will take the pain
away.
Tento lék odstraní bolest.

This will help you feel better.
To vám pomůže cítit se lépe.

Would you like more?
Chtěli byste víc?

Everything will be done to make
you feel better again.
Uděláte vše, abyste se znovu
cítili lépe.

You are only slightly wounded.
Jste jen lehce zranění.

You will soon be up again.
Brzy budete zase vzhůru.

Your condition is serious, but
you will get better.
Váš stav je vážný, ale zlepšíte se.

You will get better if you let us
take care of you.
Zlepšíte se, pokud se o nás
postaráte.

You are seriously hurt.
Jste vážně zraněn.

You are seriously ill.
Jste vážně nemocní.

It will probably take a long time
for you to get better.
Bude to pravděpodobně trvat
dlouho, než se zlepšíte.

The surgery was successful.
Operace byla úspešná.

We were able to help you.
Dokázali jsme vám pomoci.

We had to remove this.
Museli jsme to odstranit.

We tried, but we could not save
this.
Zkusili jsme to, ale nemohli jsme
to zachránit.

You were hurt very badly.
Byl jsi velmi zraněn.

You will be fine.
Budeš v pořádku.

You will need time to heal.
Budete potřebovat čas na
uzdravení.

We will arrange for your
transport back to your country.
Zajistíme dopravu zpět do vaší
země.

We will send you to another
place.
Zašleme vás na jiné místo.

You need more care.
Potřebujete více péče.

You will return to your Unit
when you are better.
Až budete lepší, vrátíte se do své
jednotky.

I will be back soon.
Brzy se vrátím.

I will check back later to see how
you are doing.
Podívám se později, abych viděl,
jak se máte.

Return tomorrow so we can be
sure you get better.
Vraťte se zítra, abychom si mohli
být jisti, že budete lepší.

Return in one week so we can be
sure you get better.
Vraťte se za jeden týden,
abychom si mohli být jisti, že se
budete zlepšovat.

Do you have any of the following
problems?
Máte některý z následujících
problémů?

Abdominal pain
Bolest břicha

Back pain

Bolesti zad

Bleeding from anywhere
Krvácení odkudkoli

Bloody sputum
Krvavé sputum

I need to give you some
medicine.
Musím ti dát nějaký lék.

This medicine is for pain.
Tento lék je pro bolest.

This medicine will fight infection.
Tento lék bude bojovat s infekcí.

Avoid alcohol while taking
medicine.
Během užívání léku se vyhněte
alkoholu.

Take until finished.
Vezměte až do konce.

Take with food.
Vezměte si s jídlem.

Take on an empty stomach (one
hour before or two hours after a
meal).
Vezměte si prázdný žaludek
(jednu hodinu před nebo dvě
hodiny po jídle).

Drink plenty of fluids.

Pijte hodně tekutin.

Avoid taking at the same time as
dairy products.
Nepoužívejte současně s
mléčnými výrobky.

This medicine may change the
color of urine or stool.
Tento lék může změnit barvu
moči nebo stolice.

Avoid sunlight.
Vyvarujte se slunečního záření.

Shake well.
Dobře protřepat.

Refrigerate (do not freeze).
Chraňte před mrazem.

May cause heat injury.
Může způsobit tepelné
poškození.

May cause drowsiness (avoid
using dangerous machinery).
Může způsobit ospalost
(nepoužívejte nebezpečné stroje).

Take by mouth.
Vezměte si ústa.

Place drops in affected ear.
Umístěte kapky do zasaženého
ucha.

Inject subcutaneously.
Nastříkejte subkutánně.

Unwrap and insert one
suppository rectally.
Rozbalte a vložte jeden čípek
rektálně.

Spray in nose.
Sprej do nosu.

Inhale by mouth.
Nadechněte se ústy.

Insert vaginally.
Vložte vaginálně.

Place in affected eye.
Umístěte do postiženého oka.

Apply to skin.
Naneste na pokožku.

Allow to dissolve under tongue
without swallowing (sublingual).
Nechte se rozpustit pod jazykem
bez polykání (sublingvální).

Tablet
Tableta

Capsule
Kapsle

Teaspoonful
Čajová lžička

Ounce
Unce

Puff
Puff

Spray
Sprej

Patch
Náplast

Drop
Pokles

Suppository
Čípek

Once daily
Jednou denně

Twice daily
Dvakrát denně

Three times daily
Třikrát denně

Four times daily
Čtyřkrát denně

Five times daily
Pětkrát denně

Every twelve hours
Každých dvanáct hodin

Every eight hours

Každých osm hodin

Fever
Horečka

Every four hours
Každé čtyři hodiny

Infection
Infekce

Every two hours
Každé dvě hodiny

Difficulty breathing
Obtížné dýchání

Every hour
Každou hodinu

Blood pressure
Krevní tlak

Every morning
Každé ráno

High cholesterol
Vysoký cholesterol

Every night
Každou noc

AllergY
Alergie

For one week
Na jeden týden

Allergic reaction
Alergická reakce

For one month
Na měsíc

Upset stomach, nausea, vomiting
Naštvaná žaludek, nevolnost,
zvracení

Today
Dnes

Now
Nyní

Depression, sadness
Deprese, smutek

Tomorrow
Zítra

Congestion
Přetížení

As needed
Podle potřeby

Cough
Kašel

Pain
Bolest

Chest pressure
Tlak na hrudi

Seizure
Záchvat

Insomnia
Nespavost

Discard remainder when
finished.
Po dokončení zbytek zlikvidujte.

Apply a thin layer to skin.
Naneste tenkou vrstvu na
pokožku.

Do you understand?
Rozumíš?

Do you have any of the following
diseases?
Máte některou z následujících
chorob?

AIDS
AIDS

Anemia
Anémie

Arthritis
Artritida

Asthma
Astma

Bronchitis
Bronchitida

Cancer
Rakovina

Chickenpox
Plané neštovice

Cholera
Cholera

Common cold
Běžné nachlazení

Depression
Deprese

Diabetes
Cukrovka

Diphtheria
Záškrt

Disease of the blood
Onemocnění krve

Eczema
Ekzém

Fungus
Houba

Gonorrhea
Kapavka

Heart failure
Srdeční selhání

Heart murmur
Srdeční šelest

Hepatitis
Hepatitida

Herpes
Opar

Infection anywhere
Infekce kdekoli

Influenza
Chřipka

Insect bite that is serious
Kousnutí hmyzu, které je vážné

Yellow skin
Žlutá kůže

Malaria
Malárie

Measles
Spalničky

Mental disease
Duševní choroba

Mumps
Příušnice

Nervous breakdown
Nervové zhroucení

Paratyphoid fever

Paratyphoidní horečka

Peritonsillar abscess
Peritonsillar absces

Plague
Mor

Pleuritis
Pleuritida

Pneumonia
Zápal plic

Polio
Obrna

Rabies
Vzteklina

Ringworm
Kožního onemocnění

Scabies
Svrab

Scarlet fever
Spála

Scurvy
Kurděje

Sexually transmitted disease
(STD)
Pohlavně přenosná nemoc (STD)

Skin disease

Onemocnění kůže

Smallpox
Neštovice

Syphilis
Syfilis

Tapeworm infection
Infekce pásemnice

Tetanus
Tetanus

Tonsillitis
Angína

Trench mouth
Příkopová ústa

Trichinosis
Trichinóza

Tuberculosis
Tuberkulóza

Typhoid fever
Břišní tyfus

Warts
Bradavice

Worms
Červi

Health Phrases

It smells like ...
Voní to jako ...

leak (gas)
únik (plyn)

danger
nebezpečí

Careful!
Opatrný!

poison
jed

I feel sick.
Je mi zle.

How do you feel?
Jak se cítíš?

What do you feel? (symptoms)
Co cítíš? (příznaky)

Do you feel all right?
Cítíš se dobře?

Do you want to go home?
Chceš jít domů?

Do you feel pain?
Cítíš bolest?

Is is painful?
Je bolestivé?

It is painful.
Je to bolestivé.

Are you hurt? (more serious, physical)
Jsi zraněný? (vážnější, fyzičtější)

Are you hurt? (less serious / feelings)
Jsi zraněný? (méně závažné / pocity)

Did I hurt your feelings?
Zranil jsem vaše pocity?

Does it hurt?
Bolí to?

Where does it hurt?
Kde to bolí?

How did you hurt yourself?
Jak jsi se zranil?

Show me.
Ukaž mi.

I have a headache.
Bolí mě hlava.

My head hurts.
Bolí mě hlava.

I have a stomach ache.

Mám bolesti břicha.

Did you cut your ...?
Přestřihli jste ...?

Is it broken? (bone)
Je to rozbité? (kost)

May I help you?
Můžu vám pomoci?

Is it broken? (things)
Je to rozbité? (věci)

doctor
doktor

Is it broken? (equipment)
Je to rozbité? (zařízení)

appointment
jmenování

Is it dislocated?
Je to dislokované?

clinic
klinika

burn
hořet

hospital
nemocnice

spill
rozlít

pregnant (woman)
těhotná žena)

How were you hurt?
Jak jsi byl zraněn?

pregnant (animal)
těhotná (zvíře)

Do you need a doctor?
Potřebujete lékaře?

blood
krev

I will take you to the doctor.
Vezmu tě k doktorovi.

bleed
krvácet

wound
rána

bleeding
krvácející

Are you sick?
Je ti špatne?

fever
horečka

Do you have a cut?
Máte řez?

temperature
teplota

medicine
medicína

prescription
předpis

It is necessary that you use safety
equipment.
Je nutné používat bezpečnostní
vybavení.

gloves
rukavice

long-sleeve shirt
tričko s dlouhým rukávem

hat
čepice

boots
boty

eyeglasses
brýle

safety glasses
ochranné brýle

protective clothing
ochranný oděv

vomit
zvracení

Have you vomited?
Zvracel jsi?

fire (out of control)
oheň (mimo kontrolu)

earthquake (large)
zemětřesení (velké)

earthquake (small)
zemětřesení (malé)

give birth
porodit

I'm fine.
Jsem v pořádku.

I don't feel fine.
Necítím se dobře.

I feel ill.
Cítím se nemocný.

He/she feels ill.
Cítí se nemocně.

I'm sick.
Je mi špatne.

My head hurts.
Bolí mě hlava.

My teeth hurt.
Bolí mě zuby.

I caught a cold.
Nachladil jsem se.

I feel nauseated.
Cítím se zvraceně.

He feels nauseated.
Cítí se nevolně.

I have diarrhea.
Mám průjem.

I have fever.
Mám horečku.

Holiday Phrases

Happy birthday!
Všechno nejlepší k narozeninám!

Merry Christmas!
Veselé Vánoce!

Happy Thanksgiving day!
Štastný den díkuvzdání!

Happy New Year!
Štastný nový rok!

Happy Easter!
Veselé Velikonoce!

Tomorrow is a holiday and we
do not work.
Zítra je svátek a nepracujeme.

Easter week
velikonoční týden

Best wishes.
Všechno nejlepší.

Have a nice trip.
Užij si výlet.

May you arrive well.
Může přijít dobře.

Umyjte ...

Instructions Phrases

eng
Czech

Rinse the ...
Opláchněte ...

Feed ...
Krmit ...

Let me know.
Dej mi vědět.

Fix / Mend / Repair the ...
Opravit / Mend / opravit ...

Bring me ...
Přines mi ...

Look
Dívej se

Take this. (somewhere)
Vem si to. (někde)

Look toward ...
Podívejte se směrem ...

Take this medicine.
Vezměte si tento lék.

Examine the ...
Prozkoumejte ...

This is the right tool.
Toto je správný nástroj.

Check the ...
Zkontrolovat ...

This is the wrong tool.
Toto je nesprávný nástroj.

oil
olej

You will need ...
Budete potřebovat ...

motor
motor

This is how this is done.
Takto se to dělá.

transmission
přenos

This is not how it is done.
Tak se to neděje.

brake
brzda

Clean the ...
Vyčistěte ...

brakes
brzdy

Wash the ...

Ride a horse.
Jezdit na koni.

water
voda

Lift the ...
Zvedněte ...

diesel
nafta

Carry the ...
Noste ...

gasoline
benzín

Pull the ...
Vytáhněte ...

Organize ...
Uspořádat ...

Push the ...
Zatlačte ...

Arrange ...
Uspořádat ...

Climb the ...
Vylezte ...

Prepare ...
Připravit ...

Reach ...
Dosáhnout ...

Cut the ...
Řez ...

Apply the ...
Použít ...

Secure the ...
Zajistěte ...

Burn ...
Vypálit ...

Drive the ...
Řídit ...

Weight ...
Hmotnost ...

Adjust the ...
Upravte ...

Put the ...
Dal ...

Calibrate the ...
Kalibrace ...

Add the ...
Přidat ...

Measure the ...
Změřte ...

Change the ...

Změň ...

Cover ...
Pokrýt ...

Mix the ...
Smíchejte ...

Spray ...
Sprej ...

now
Nyní

later
později

here
tady

there
tam

at home
doma

at the office
v kanceláři

If you do not understand me, let
me know.
Pokud mi nerozumíte, dejte mi
vědět.

Pay attention.
Dávej pozor.

Turn it on.
Zapnout.

Turn it off.
Vypněte to.

open
otevřeno

closed
Zavřeno

on
na

off
vypnuto

up
nahoru

down
dolů

under
pod

below
níže

front
přední

in front of
před

behind

za

forward
vpřed

back up
záloha

more
více

less
méně

empty
prázdný

full
plný

half
polovina

third
Třetí

fourth
Čtvrtý

before
před

after
po

Go to the field.
Jděte na pole.

Do this first, and this other after.
Udělejte to první a poté další.

Start in the rows by the ...
Začněte v řádcích ...

furrow
brázda

Turn it on.
Zapnout.

Light it up.
Rozsviť to.

Milk the cows.
Podoj krávy.

Recreation Phrases

Did you go running this morning?
Šli jste dnes ráno běhat?

Do you like to play on the jungle gym?
Hrajete rádi v džungli?

He has gone on a walking tour.
Vydal se na pěší túru.

He plays street hockey in the winter.
V zimě hraje pouliční hokej.

Her hobbies include hiking and photography.
Mezi její záliby patří turistika a fotografování.

His classroom window is next to the monkey bars there.
Okno jeho učebny je hned vedle opičích barů.

I didn't think you liked sports.
Nemyslel jsem si, že máš rád sport.

I often go swimming in summer.
V létě často chodím plavat.

I ride a tiny spring horse.
Jezdím na malém jarním koni.

I was going to go bungee jumping, but I chickened out.
Chystal jsem se skočit na bungee jumping, ale vyskočil jsem.

It's my brother who does the gardening.
Zahradnictví dělá můj bratr.

Kite flying is popular among people of all ages.
Kite létání je populární mezi lidmi všech věkových skupin.

Let's have a water balloon fight.
Pojďme bojovat s vodním balónem.

Peter offered to teach them water skiing.
Peter jim nabídl, že je bude učit vodní lyžování.

She does yoga for an hour a day.
Dělá jógu hodinu denně.

Skiing has become very popular recently.
Lyžování se v poslední době stalo velmi populárním.

The children are playing at seesaw.
Děti si hrají na houpačce.

The children are playing on the tunnel.
Děti si hrají v tunelu.

The city also sponsors free outdoor movies in the Infinity Park stadium.
Město také sponzoruje bezplatné venkovní filmy na stadionu Infinity Park.

The girls wanted the merry-go-round to go faster.
Dívky chtěly, aby kolotoč šel rychleji.

The kids took turns on the swing.
Děti se na houpačce střídaly.

There were lots of children on the slide.
Na skluzavce bylo spousta dětí.

There's a lot of danger in rock climbing.
Při horolezectví existuje velké nebezpečí.

They can go fishing in the lake.
Mohou rybařit v jezeře.

They do lots of fun outdoor activities like canoeing, hiking and camping.
Dělají spoustu zábavných outdoorových aktivit, jako je kanoistika, turistika a kempování.

They go surfing every weekend.
Každý víkend chodí surfovat.

We decided to have a picnic down by the lake.
Rozhodli jsme se udělat si piknik dole u jezera.

We did about 30 miles a day on our cycling trip.
Udělali jsme asi 30 mil denně na našem cyklistickém výletu.

We play in the best sandbox.
Hrajeme na nejlepším pískovišti.

We took the hot air balloon rides, just for laughs.
Pro smích jsme se vydali na horkovzdušný balón.

We used to go camping every summer when we were students.
Když jsme byli studenti, chodili jsme každé léto kempovat.

We've been to water parks all over the country in the past.
V minulosti jsme byli v aquaparcích po celé zemi.

Recreation Vocabulary

bicycle	shot put	havran	řádek
jízdní kolo	výstřel dal		
		dice	race
sport	chessman	kostky	závod
sport	šachová		
	figurka	lift	wrestle
play		výtah	zápasit
hrát si	chess game		
	šachová hra	beachball	hit
ball		plážový míč	udeřil
míč	javelin		
	oštěp	catch	swim
baseball		chytit	plavat
baseball	track		
	dráha	mitt	win
basketball		rukavice	vyhrát
Basketball	pole-vault		
	skok o tyči	soccer ball	ski
bishop		fotbalový míč	lyže
biskup	surfboard		
	surf	walk	jump
discus		Procházka	skok
diskem	dance		
	tanec	kick	dive
football		kop	potápět
Fotbal	tennis		
	tenis	laughter	throw
soccer		smích	házet
fotbal	tennis shoe		
	tenisová bota	run	golf
handstand		běh	golf
stojka	trampoline	jog	
	trampolína	jog	judo
high jump			džudo
skok vysoký	rook	row	

Science Vocabulary

Africa
Afrika

Antarctic Circle
Antarktický
kruh

Antarctica
Antarktida

antipodes
protinožci

archipelego
archipelego

Arctic
Arktický

Arctic Circle
polární kruh

area
plocha

Asia
Asie

atlas
atlas

azimuth
azimut

bathymetric
map
bathymetrická
mapa

cartographer
kartograf

cartography
kartografie

cave
jeskyně

chart
zmapovat

coast
pobřeží

compass rose
kompas se
zvedl

continent
kontinent

contour line
vrstevnice

coral reef
korálový útes

degree of

latitude
stupeň
zeměpisné
šírky

degree of
longitude
stupně
zeměpisné
délky

desert
poušť

dune
duna

Earth
Země

Eastern
Hemisphere
Východní
polokoule

elevation
nadmořská
výška

equator
rovník

Europe
Evropa

geographic
coordinates
zeměpisné
souřadnice

geography
zeměpis

global
globální

globe
zeměkoule

GPS
GPS

great circle
velký kruh

hemisphere
polokoule

International
Date Line
Mezinárodní
datová řada

island
ostrov

key
klíč

Projekce

kilometers
kilometrů
Mercator

meridian
land
poledník
přistát

miles
landform
mil
landform

mountain
latitude
hora
zeměpisná šírka

mountain
legend
range
legenda
pohoří

longitude
nautical chart
zemepisná
námořní mapa
délka

north
magnetic pole
severní
magnetický pól

North America
map
Severní
mapa
Amerika

map projection
North
projekce mapy
Magnetic Pole
Severní
map-maker
magnetický
tvůrce map
pól

map-making
North Pole
tvorba map
Severní pól

Mercator
northeast
Projection
severovýchod

Northern
Hemisphere
Severní
polokoule

northwest
Severozápad

ocean
oceán

parallel
paralelní

peak
vrchol

peninsula
poloostrov

pole
pól

political map
politická mapa

prime
meridian
nultý poledník

projection
projekce

ratio
poměr

reef
útes

region
oblast

relief map
reliéfní mapa

river
řeka

road atlas
silniční atlas

rose
růže

scale
stupnice

scale bar
měřítko

sea
moře

sea level
hladina moře

south
jižní

South America
Jižní Amerika

South Magnetic

Pole	territory	tributary	
Jižní	území	přítok	watefall
magnetický pól			watefall
	time zone	Tropic of	
South Pole	časové pásmo	Cancer	weather map
Jižní pól		Obratník raka	mapa počasí
	title		
Southern	titul	Tropic of	Western
Hemisphere		Capricorn	Hemisphere
Jižní polokoule	topographic	obratník	západní
	map	Kozoroha	hemisféra
stream	topografická		
proud	mapa	tropics	world
		tropy	svět
street map	topography		
mapa ulic	topografie	volcano	
		sopka	

Tools Phrases

Don't climb that ladder - it's not secure.
Nevstupujte na žebřík - není to bezpečné.

John filled the big tray in his living room with walnuts.
John naplnil velký podnos v obývacím pokoji vlašskými ořechy.

Her father was a tractor driver and her mother worked in a textile plant.
Její otec byl řidič traktoru a její matka pracovala v textilním závodě.

Their equipment is extremely advanced.
Jejich vybavení je velmi pokročilé.

The phrasebook is an invaluable tool for learning languages.
Frázová kniha je neocenitelným nástrojem pro výuku jazyků.

The water stopped running because the hose has a kink in it.
Voda se zastavila, protože hadice má v sobě zlomu.

Make the hoe your sword, and the sword your hoe.

Udělejte z motyky svůj meč a meč svou motyku.

Tom offered to help Mary rake the leaves.
Tom nabídl pomoci Mary hrabat listy.

Commoners had no stake or interest in the constant fighting between nobles.
Obyvatelé neměli zájem o neustálé boje mezi šlechtici.

When a coil is moved near to a wire with current flowing in it current flows in the coil as well.
Když je cívka posunuta blízko drátu s proudem proudícím v ní, proud také v cívce proudí.

Could you get a hammer for me from the kitchen please?
Mohl byste mi z kuchyně dostat kladivo?

A nail penetrated the car tire.
Pneumatiku automobilu pronikl hřebík.

This screwdriver is too small to be any use.
Tento šroubovák je příliš malý na to, aby mohl být použit.

My screw gun is making weird noises.
Moje šroubovák vydává divné zvuky.

That pair of pliers came in handy.
Tento kleště se hodily.

That tape recorder recorded his voice.
Ten magnetofon nahrál svůj hlas.

The astronaut lost his grip on the wrench and all he could do was watch in dismay as it floated serenely away.
Astronaut ztratil sevření klíče a vše, co mohl udělat, bylo sledovat zděšeně, jak se klidně vznášel.

As the iron was heating up, Mary poured distilled water into the reservoir to make steam.
Když se železo zahřívalo, Mary nalila do nádrže destilovanou vodu, aby vytvořila páru.

When the heater in the barn fails, you get milk-flavored ice cubes.
Když topení ve stodole selže, dostanete kostky ledu ochucené mlékem.

By means of a super high-pressure water spray practically all the sediment is removed.
Prostřednictvím vysokotlakého postřiku vody se prakticky odstraní veškerý sediment.

Please fill this water bottle.
Prosím, naplňte tuto láhev s vodou.

Here's a street map and main map of the city of Atlanta.
Zde je mapa ulic a hlavní mapa města Atlanta.

Outline Boston on this map with a red pencil.
Obrys Boston na této mapě s červenou tužkou.

Tool Phrases

Don't climb that ladder - it's not secure.
Nevstupujte na žebřík - není to bezpečné.

John filled the big tray in his living room with walnuts.
John naplnil velký podnos v obývacím pokoji vlašskými ořechy.

Her father was a tractor driver and her mother worked in a textile plant.
Její otec byl řidič traktoru a její

matka pracovala v textilním závodě.

Their equipment is extremely advanced.
Jejich vybavení je velmi pokročilé.

The phrasebook is an invaluable tool for learning languages.
Frázová kniha je neocenitelným nástrojem pro výuku jazyků.

The water stopped running because the hose has a kink in it.
Voda se zastavila, protože hadice má v sobě zlomu.

Make the hoe your sword, and the sword your hoe.
Udělejte z motyky svůj meč a meč svou motyku.

Tom offered to help Mary rake the leaves.
Tom nabídl pomoci Mary hrabat listy.

Commoners had no stake or interest in the constant fighting between nobles.
Obyvatelé neměli zájem o neustálé boje mezi šlechtici.

When a coil is moved near to a wire with current flowing in it current flows in the coil as well.

Když je cívka posunuta blízko drátu s proudem proudícím v ní, proud také v cívce proudí.

Could you get a hammer for me from the kitchen please?
Mohl byste mi z kuchyně dostat kladivo?

A nail penetrated the car tire.
Pneumatiku automobilu pronikl hřebík.

This screwdriver is too small to be any use.
Tento šroubovák je příliš malý na to, aby mohl být použit.

My screw gun is making weird noises.
Moje šroubovák vydává divné zvuky.

That pair of pliers came in handy.
Tento kleště se hodily.

That tape recorder recorded his voice.
Ten magnetofon nahrál svůj hlas.

The astronaut lost his grip on the wrench and all he could do was watch in dismay as it floated serenely away.
Astronaut ztratil sevření klíče a vše, co mohl udělat, bylo

sledovat zděšeně, jak se klidně vznášel.

As the iron was heating up, Mary poured distilled water into the reservoir to make steam.
Když se železo zahřívalo, Mary nalila do nádrže destilovanou vodu, aby vytvořila páru.

When the heater in the barn fails, you get milk-flavored ice cubes.
Když topení ve stodole selže, dostanete kostky ledu ochucené mlékem.

By means of a super high-pressure water spray practically all the sediment is removed.
Prostřednictvím vysokotlakého postřiku vody se prakticky odstraní veškerý sediment.

Please fill this water bottle.
Prosím, naplňte tuto láhev s vodou.

Here's a street map and main map of the city of Atlanta.
Zde je mapa ulic a hlavní mapa města Atlanta.

Outline Boston on this map with a red pencil.
Obrys Boston na této mapě s červenou tužkou.

Tools Vocabulary

ladder	motyka	screwdriver	barn
žebřík		šroubovák	stodola
	shovel		
tray	lopata	screw	water
zásobník		šroub	voda
	rake		
pruning shears	hrábě	pliers	this water
nůžky na		kleště	tuto vodu
stříhání	post		
	pošta	tape	map
tractor		páska	mapa
traktor	pole		
	pól	broom	this map
tractor driver		koště	tuto mapu
řidič traktoru	stake		
	kůl	wrench	hoeing (by
equipment		klíč	hand)
zařízení	wire		motyka (ručně)
	drát	tank (water	
tool		reservoir)	cultivating (by
nářadí	hammer	nádrž (vodní	machine)
	kladivo	nádrž)	pěstování
hose			(strojem)
hadice	nail	reservoir	
	nehet	nádrž	
hoe			

Weather Phrases

These are the seasons:
Toto jsou roční období:

Spring, summer,
Jaro léto,

autumn / fall and winter.
podzim / podzim a zima.

The summer is warm.
Léto je teplé.

The sun shines in summer.
Slunce svítí v létě.

We like to go for a walk in
summer.
V létě rádi chodíme na
procházku.

The winter is cold.
Zima je zima.

It snows or rains in winter.
V zimě sněží nebo prší.

We like to stay home in winter.
Rádi zůstáváme doma v zimě.

It is cold.
Je chladno.

It is raining.
Prší.

It is windy.
Je větrno.

It is warm.
Je teplo.

It is sunny.
Je slunečno.

It is pleasant.
Je to příjemné.

What is the weather like today?
Jaké je dnes počasí?

It is cold today.
Dnes je chladno.

It is warm today.
Dnes je teplo.

Weather Vocabulary

earth
Země

moon
měsíc

planet
planeta

shadow
stín

sky
nebe

cloud
mrak

clouds
mraky

fog
mlha

air
vzduch

wind
vítr

storm
bouřka

thunder

hrom

flash
blikat

lightning
Blesk

rainbow
duha

rain
déšť

umbrella
deštník

snow
sníh

frost
mráz

hail
kroupy

ice
led

hot
horký

warm
teplý

cold,
Studený,

fresh
čerstvý

weather
počasí

climate
podnebí

Work Phrases

day shift
denní směna

afternoon shift
odpolední směna

evening shift
večerní směna

night shift
noční směna

overtime pay
přesčasová platba

overtime hours
přesčasové hodiny

piece work, piece rate
kusová práce, kusová sazba

break time
přestávka

Take a break.
Dát si pauzu.

We pay by the hour.
Platíme každou hodinu.

We pay by the piece.
Platíme za kus.

pay

platit

salary
plat

hours
hodin

clock, watch
hodiny, hodinky

a second
vteřina

a minute
minutu

an hour
hodina

a day
den

a week
týden

a month
měsíc

a year
rok

on time (exactly)
na čas (přesně)

just in time
právě včas

(a person who) is always on time
(osoba, která) je vždy včas

noon
poledne

midnight
půlnoc

calendar
kalendář

We pay ...
My platíme ...

We pay once a week.
Platíme jednou týdně.

We pay every two weeks.
Platíme každé dva týdny.

We pay every fifteen days.
Platíme každých patnáct dní.

We pay once a month.
Platíme jednou měsíčně.

How many hours did you work?
Kolik hodin jsi pracoval?

We do not have any work
available.
Nemáme k dispozici žádnou
práci.

Can you come in at seven?
Můžeš přijít v sedm?

Here is your check.
Zde je váš šek.

Stop working at five.
Přestaňte pracovat v pět.

Starting time is at six.
Čas zahájení je v šest.

Printed in Great Britain
by Amazon